스포츠마케팅의 이해

김수잔 · 김일광 공저

도서출판 두남

머리말

본 저서는 2008년 한국체육대학교의 지원을 받아 시작하여 2년에 걸쳐 집필한 서적으로, 1995년부터 스포츠마케팅 수업을 강의해 왔던 내용을 바탕으로 집필하였습니다. 이 저서를 준비함에 있어 지금은 고인이 되셨지만, 학자로서 많은 책을 펴내신 친정아버님께서 용기를 주셨습니다. 또한 대학기관에 본 저서의 집필을 위한 지원금을 신청함으로써, 책임감과 의무감을 가지고 중도에 포기하는 사건이 발생하지 않도록 미연에 방지하고픈 저자의 마음가짐도 있었습니다.

이미 다양한 스포츠마케팅 관련서적이 각각의 장·단점을 가지고 시중에 출판되어있으나, 일부는 외국 서적을 번역한 것으로 국내의 환경과 특성에 부적합 내용이 포함되어있기도 하고, 부분적으로는 수업교재로 사용하는데 한계가 있다고 필자는 판단하였습니다. 따라서 앞서 언급한 문제점을 고려하여 학생들이 읽고 이해하기 쉬우며, 요점정리를 통해 원하는 내용을 빠르고, 편리하게 찾을 수 있는 서적을 만들고자 하였으며, 타 서적에서 누락된 내용을 보완하여 학생뿐만 아니라 현장 실무자에게도 도움이 될 수 있는 이론과 실무를 함께 포함하는 서적을 집필하고자 노력하였습니다.

본 저서에 다양한 사례를 다루지 않은 이유는 수업교재로 활용하면서 학생들과 최근 사례를 함께 찾고 공유하기 위함이며, 출처를 파악하지 못하여 인용하지 못한 내용에 대해서는 저자로서 많은 아쉬움이 남습니다. 이 외에도 부족한 점이 많지만, 개정판을 통하여 개선할 것을 약속드리며, 독자 여러분의 양해와 건설적인 피드백을 부탁드립니다.

마지막으로 본 저서를 집필하는데 도움을 주신 많은 분들에게 감사를 드립니다. 우선, 본 저서를 함께 집필한 제자 김일광 박사와 이 작업으로 인해 소홀한 가정생활을 이해해 준 가족에게 감사드립니다. 그리고 파트별 교정 작업을 도와준 연구실 제자 김성덕, 김재환, 김주영, 박종철, 음두일, 이지현, 김현주와 한국줄넘기협회의 김진환 수석부회장님께도 감사드리며, 아울러 사진을 제공해 준 SK 와이번스 김은영 마케팅 매니저, 조이포스 한남희 사장님, 제자 서영득, 윤빛나, 윤종식에게 감사함을 전하며, 이 서적이 마무리될 수 있도록 많은 관심과 신경을 써 주진 도서출판 두남의 전두표 사장님과 편집위원께 감사를 표합니다.

2011년 3월

차 례

스포츠의 마케팅

차 례

스포츠를 이용한 마케팅

스포츠의 마케팅

1. 스포츠마케팅의 정의
2. 스포츠마케팅 믹스
3. 스포츠마케팅의 중요성
4. 스포츠마케팅과 스포츠경영과의 관계
5. 스포츠마케팅 개념들의 비교
6. 스포츠마케팅의 관리과정
7. 소비자에 대한 필요정보
8. 경쟁자에 대한 필요정보
9. 환경에 대한 필요정보
10. 조사대상과 방법
11. 기타 정보수집 방법
12. 소비자만족과 이윤창출의 관계
13. 서비스 품질
14. 서비스의 특성에 따른 전술
15. 제품수명주기
16. 신제품 개발
17. SWOT 분석
18. 가격전략
19. 광고기획 과정
20. 매체전략
21. 광고효과 측정방법
22. 인적판매
23. 판매촉진
24. 홍 보
25. PR
26. 유통전략
27. 장소전략
28. 스폰서십
29. 올림픽 마케팅

1 스포츠마케팅의 정의

1-1. 스포츠마케팅의 정의

스포츠 마케팅은 학자에 따라 다양하게 정의되고 있으나, 일부는 스포츠 마케팅을 "스포츠 소비자와의 교환을 창출하기 위해 제품, 가격, 촉진, 장소 및 PR과 관련하여 고안된 모든 활동을 계획, 실행 및 통제하는 과정"으로 정의하고 있다.

1-2. 용어의 이해

1) 스포츠

스포츠는 우리가 일반적으로 생각하는 운동종목(예, 테니스, 수영, 배드민턴 등)뿐만 아니라 피트니스, 레크리에이션 또는 레저 등도 의미한다.

2) 스포츠제품

스포츠제품은 스포츠와 관련되는 모든 재화와 서비스를 의미한다.

3) 스포츠소비자

스포츠소비자는 스포츠 제품을 소비하는 사람들을 의미한다. 스포츠제품의 유형에 따라 소비의 형태가 달라지므로 스포츠소비자는 구매자, 참여자, 관람자, 시청자, 이용자, 구독자 등으로 표현될 수 있다.

예를 들면,

- 구매자 : 스포츠 용품을 구매하는 자
- 참여자 : 특정 운동종목에 참여하는 자

- 관람자 : 스포츠경기를 현장에서 관람하는 자
- 시청자 : 스포츠경기를 TV 또는 인터넷으로 시청하는 자
- 이용자 : 스포츠기관의 시설이나 서비스를 이용하는 자
- 구독자 : 스포츠신문 또는 잡지 등을 구독하는 자
- 이외 다른 유형의 스포츠소비자들이 존재할 수 있다.

(1) 스포츠 소비자는 개인뿐만 아니라 조직이 될 수 있다.

예를 들어, 자전거를 개인용으로 구매하는 사람들이 있는 반면 영업용으로 구매하는 자전거 대여점, 자전거 전문 판매점 그리고 자전거 교실도 있다.

(2) 소비자는 고객과 구분된다.

고객은 제품을 구매하는 사람으로 제품을 사용하지 않을 수 있으며, 소비자는 제품을 사용하는 사람으로 제품을 구매하지 않았을 수 있다.

예를 들어, 아버지(고객)가 자전거를 구입하여 아들(소비자)에게 선물해 줄 수 있다. 그러나 대부분의 스포츠제품은 생산과 소비가 동시에 이루어지는 서비스이므로 대부분의 경우 고객이 소비자이다.

4) 교환

교환은 무엇을 주고받는다는 의미이다. 즉, 자신과 상대방의 필요와 욕구 충족을 위해 상호적으로 주고, 받을 수 있는 것(예, 화폐, 재화, 서비스 등)이 존재할 때 교환이 이루어질 수 있다. 이런 맥락에서 스포츠마케팅의 중요한 목표 중 하나는 소비자의 욕구충족이다.

(1) 상세하게 말하면 필요와 욕구는 구분된다. 필요는 사람이 생존하기 위해 근본적으로 가지고 있어야 하는 것들이고 욕구는 이들 필요를 충족시킬 수 있는 수단들을 의미한다.

예를 들어, 누구나 건강한 신체를 필요로 한다. 그 중요성을 인식하는 사람은 건강식품, 건강검진, 충분한 수면 및 운동참여 등에 대한 욕구를 가질 수 있다. 이 중에서 운동참여의 욕구를 느끼는 사람은 조깅, 웨이트 트레이닝, 요가 등의 욕구를 가질 수 있고, 그 가운데 조깅을 하고자 하는 사람은 실외 조깅보다 스포츠센터 내의 트레드밀 이용을 선호할 수 있다. 따라서 스포츠마케팅은 위에서 언급한 운동에 대한 필요와 욕구를 충족시킬 수 있는 "주 3회 30분 이상 운동하기" 라는 공익 캠페인부터 각종 운동단체의 각 종목 활성화를 위한 노력, 그리고 스포츠센터의 회원유치 활동을 모두 포함한다.

(2) 대부분의 경우, 마케터는 기존의 욕구를 충족시키려고 한다. 그러나 기존시장에 없었던 신제품의 출시를 통해 새로운 욕구를 창조하는 경우도 있다. 예를 들어, 닌텐도사의 Wii Fit과 Wii Sports Resort 소프트웨어 게임은 가족으로 하여금 평소 즐기지 못했던 다양한 레저 스포츠를 집에서 즐길 수 있도록 하였다.

5) 제품, 가격, 촉진, 장소 및 PR

제품(Product), 가격(Price), 장소(Place), 촉진(Promotion), PR(Public Relation)의 다섯 가지 구성요소(5Ps)는 마케터가 스포츠소비자의 욕구를 충족시키기 위해 통제할 수 있는 요소들이다.

6) 계획, 실행, 통제

계획은 위 5가지 요소에 관하여 목표를 설정하고 그 목표를 달성하기 위해 필요한 활동들을 결정하는 것을 의미하며, 실행은 계획된 활동들을 누구로 하여금 책임지고 수행하도록 하는 것을 의미한다.

통제는 수행되는 활동들이 계획대로 잘 수행되고 있는지 또한 제대로 수행된 활동들이 과연 목표를 달성하였는지를 평가한 후 상황에 적절하게 대처하는 활동을 의미한다.

2 스포츠마케팅 믹스

2-1. 스포츠마케팅의 5Ps란?

소비자의 욕구충족을 위해 기업이 계획, 실행, 통제할 수 있는 다섯 가지 요소들은 제품(Product), 가격(Price), 장소(Place), 촉진(Promotion) 및 PR (Public Relation)이며, 모두 알파벳 P로 시작하기 때문에 스포츠마케팅의 5Ps라고 불리어지고 있다.

2-2. 스포츠마케팅 믹스란?

각각의 요소에 대한 의사결정은 제품전략, 가격전략, 장소전략, 촉진전략 그리고 PR전략을 구성하며, 이들 5가지 전략들이 통합되어서 스포츠마케팅 전략을 구성한다. 결국 스포츠마케팅 전략은 5가지 요소에 대한 의사결정의 혼합이라는 맥락에서 스포츠마케팅의 5Ps를 '스포츠마케팅 믹스'라 한다.

5Ps = 스포츠마케팅 믹스
스포츠마케팅 전략 = 제품전략 + 가격전략 + 촉진전략 + 장소전략 + PR전략

2-3. 스포츠마케팅 믹스에 대한 일부 학자들의 주장

1) 4Ps

일부 스포츠마케팅 학자들은 제품, 가격, 촉진 및 장소의 4Ps를 스포츠마케팅의 믹스라고 주장한다. 이들은 PR의 중요성을 무시하는 것이 아니라 PR을 홍보의 촉진활동으로 인식하는 것이다.

> **스포츠마케팅에 있어서 PR이 믹스요인으로 수용되는 이유**
>
> 일반 제품보다 일부 스포츠 경기와 선수에 대한 대중의 관심이 높기 때문에 미디어 보도 또한 상대적으로 많다. 따라서 일반마케팅보다 스포츠마케팅에서는 긍정적인 보도를 유도하고 부정적인 보도에 대처하는 PR의 영역이 매우 중요하다.

2) 7Ps

제품이 서비스일 경우, 서비스마케팅 분야의 학자들은 전통적인 4Ps에 사람(People), 물질적 환경(Physical Environment), 그리고 수행과정(Process)의 3가지 요소를 추가하여 7Ps가 존재한다고 주장한다.

대부분의 스포츠제품이 서비스제품이라는 점을 감안하면 스포츠마케팅의 5Ps를 7Ps 또는 8Ps로 확대시키고 각각의 요소에 주위를 기울여 전략을 수립하는 접근방법이 유용할 수 있다. 다양한 스포츠조직의 서비스 품질에 대한 국내 연구들을 살펴보면 다수의 저자들은 서비스제품을 프로그램, 직원 및 운영방법으로 구분하고 장소를 주시설과 부대시설을 포함한 물질적 환경과 접근용이성으로 구분하는 경향을 파악할 수 있었다. 이는 일반적으로 연구저자들이 4Ps를 더 세부적으로 구분하여 접근하는 것을 유용하게 생각하고 있음을 나타낸다.

2-4. 각각의 5Ps에 대한 소개

1) 제품(Product)

제품은 소비자의 욕구를 충족시키기 위해 제공되는 것으로 광범위하게 정의할 수 있으며, 소비자들의 욕구는 생리적, 경제적, 사회적, 심리적 욕구 등을 모두 포함한다.

> **스포츠센터 내 스낵바의 제품은 무엇인가?**
>
> 스낵바의 제품이 무엇이냐고 질문하면, 대부분은 생리적 욕구를 충족시키기 위한 음료수(유형제품)로 대답한다. 그러나 무엇을 먹거나 마시기 위해 스낵바를 찾아 가는 사람들이 많지만 타인과 이야기 나누기 위해(사회적 욕구) 스낵바를 찾아가는 사람도 있다. 따라서 스낵바의 제품전략에 있어서 메뉴의 다양성과 맛도 중요하지만 편안하게 대화를 나눌 수 있는 분위기의 조성도 중요하며, 아울러 자리의 청결성(심리적 욕구)과 저렴성(경제적 욕구)도 중요하다. 비록 '저렴성'을 가격요소로 인식하는 사람들이 있겠지만 엄밀히 가격을 얼마나 저렴하게, 즉 가격을 얼마로 책정할 것인가에 대한 결정은 가격전략에 속한다.

(1) 제품은 크게 다음과 같이 구분할 수 있다.

① **유형적 물품**(Tangible Goods)**과 무형적 서비스**(Intangible Services)
흔히 유형적인 물품만을 제품으로 인식하고, 제품과 서비스를 구분하는 사람들이 있는데 서비스도 일종의 제품이기 때문에 제품과 구분되는 것은 바람직하지 않다.

② **핵심제품**(Core Product), **실제제품**(Actual Product), **확장제품**(Extended Product)
소비자가 얻고자 하는 이익을 핵심제품이라 하면 소비자가 찾은 제품의 기본 형태가 실제제품이며, 이러한 실제제품에 부가적으로 제공되는 제품을 확장제품이라 한다. 예를 들어 스키장의 경우, 핵심제품은

참여, 오락, 건강, 성취 등이며, 실제제품은 슬로프, 제설기, 리프트, 스키장비 렌탈, 관리요원 등이고 확장제품은 이벤트, 음식점, 숙박시설 등이다.

실제 제품

확장 제품

③ **소비재**(Consumer Product)**와 산업재**(Industrial Product)

최종소비자인 개인에 의해 구매되는 제품이 소비재이며, 타인에게 특정 서비스를 제공하기 위해 중간소비자에 의해 구매 또한 이용되는 제품이 산업재이다. 예를 들어, 개인이 직접 사용하기 위해 구매하는 운동기구는 소비재이며, 스포츠센터가 회원의 사용을 위해 구매하는 운동기구는 산업재이다.

(2) 제품은 사람, 활동, 장소 등을 포함한다.

사람들은 유형의 물품을 제품으로 인식하는 경향이 있는데 구단은 선수(사람)를 이용하여 관람객을 유치하려 하며, 정부는 각종 캠페인(활동)을 통해 국민의 의식과 행동을 변화시키고자 한다. 또한 특정 지역(장소)의 지방자치 단체는 스포츠이벤트의 개최를 통해 관광객을 유치하려 한다.

2) 가격(Price)

소비자들이 제품을 위해 기꺼이 지불할 것이라고 기업이 판단하는 화폐의 단위이다.

3) 촉진(Promotion)

제품에 대한 소비자의 인지, 태도변화 그리고 구매를 목적으로 하는 커뮤니케이션 활동이다.

(1) 촉진활동은 다음과 같은 다양한 유형들을 포함하며, 동시에 여러 활동유형을 병행해야 효과가 크다.

① 광고 : 옥외, 인쇄, 방송 및 인터넷 매체에서 이루어지는 유료 노출의 수단이다.

② 홍보 : 인쇄, 방송 및 인터넷 매체에서 이루어지는 무료 노출의 수단이다.

③ 인적판매 : 사람이 사람에게 직접 또는 전화로 제품을 판매하는 활동이다.

④ 판매촉진 : 제한된 기간 동안 판매량을 증가하기 위한 유인책으로 약자로 판촉이라 하며, 수단은 할인, 할인쿠폰, 사은품, 경품 등을 들 수 있다.

⑤ 스폰서십 : 기업이 직접 관련이 없는 행사를 지원하는 활동이다.

(2) 각 활동유형별 관련 의사결정들은 광고전략, 홍보전략, 인적판매전략, 판매촉진 전략, 스폰서십 전략을 구성하며, 이러한 전략의 혼합이 촉진전략을 구성한다. 이와 같은 맥락에서 위 5가지 촉진활동 유형들을 촉진믹스 또는 커뮤니케이션 믹스라 한다.

4) 장소(Place)

제품을 최종 구매자에게 전달하는 곳의 지리적 위치, 보유시설, 시설배치, 내부장식 및 외형과 관련 있는 요소들을 의미한다.

5) PR(Public Relation)

① PR는 다양한 목적을 가지고 있으며 그 목적을 달성하기 위한 방법도 매우 다양하다. 그러므로 PR은 외형상 상관관계가 없어 보이는 여러 가지 활동을 모두 포함하므로 PR의 정의를 규정하는 것은 어렵다. 따라서 보편적으로 수용될 수 있는 PR의 개념은 아직까지 정의되지 않았다.

② 대부분의 정의는 PR 전문가가 수행하는 역할, PR의 효과 및 PR이 어떻게 수행되어야 하는가를 기술하고 있으며, 이러한 정의는 다음과 같은 두 가지 공통점을 가지고 있다.

- 이해관계가 있는 개인 또는 조직에게 자신에 대해 이해시킴으로써 호의, 지지 또는 신뢰를 얻도록 노력한다.
- 이해관계가 있는 개인 또는 조직의 의견이나 주장 등을 수렴한다.

③ 가장 단순하며 널리 알려진 PR의 정의는 "조직과 공중간의 커뮤니케이션 관리"이다. 여기서 공중은 기업에게 직·간접적인 영향을 미치는 내·외부 집단을 모두 의미하며, 이러한 측면에서 PR을 공중관계라고 하는 경우가 있다.

3 스포츠마케팅의 중요성

3-1. 스포츠마케팅이 주요 경영활동으로 부각된 이유

과거에는 소비자들의 욕구를 충족시킬 수 있는 제품의 공급이 수요보다 부족하여 제품 공급이 이루어지면 판매가 잘 되었다. 그러나 생산기술의 발달, 경쟁자의 등장과 지역을 초월하는 인터넷판매의 확산으로 인해 수요보다 공급이 더 많아졌다.

이러한 상황에서 기업은 소비자의 욕구에 부응하여 판매가 잘되는 제품을 제공하고, 광고의 홍수 속에서 잠재적 소비자에게 자사 제품을 인지시키고, 선호하게 하여 구매하도록 설득하는 활동에 주력하게 된 것이다.

3-2. 스포츠마케팅이 독립적인 학문분야로 부각되는 이유

스포츠제품은 일반제품과 달리 아래와 같은 특징을 가지고 있기 때문에 스포츠마케팅을 일반마케팅과 독립적인 학문분야로 다루어져야 한다고 주장되고 있다.

1) 스포츠용품을 제외한 대부분의 스포츠제품은 실체가 없어서 묘사하기 어려우므로 유형적 제품의 마케팅 이론으로 설명될 수 없는 부분이 많다.
2) 스포츠제품은 통제할 수 없는 요소(예, 날씨, 선수 컨디션, 경기 결과 등)들이 많아서 비일관적이고 예측이 어려우므로 일반제품과 달리 핵심제품보다는 확장제품을 강조해야 한다.[1)]
3) 동일한 서비스일지라도 그 소비는 경험적이고 동시에 주관적이어서 소

1) 핵심과 확장제품의 정의 → 14쪽

비자에 따라 다르게 인식되므로 스포츠제품은 스포츠를 이해하고 사랑하는 사람이 마케팅을 해야 한다는 의견이 있다.

4) 스포츠는 다른 사람과 함께 소비되기 때문에 타인과의 상호작용이 만족에 영향을 미친다.

5) 스포츠에 대한 수요는 시즌 또는 계절에 따라 심하게 변화할 수 있으며, 생산과 소비가 함께 이루어질 경우 수요와 공급의 균형이 중요하다.
6) 일반제품보다 스포츠에 대한 대중의 관심과 미디어 보도가 상대적으로 많다. 이에 따라 일반 마케팅에서 다루지 않았던 선수 인도스먼트, 스포츠 스폰서십, 앰부시 마케팅 등의 '스포츠를 이용한 마케팅'[2] 활동들이 발전하였으며 PR활동의 영역도 더욱 확대되었다.
7) 많은 스포츠 조직은 서로 경쟁하는 동시에 협동하고 있다. 예를 들어, 야구, 농구, 배구의 경우, 과잉 경쟁을 막고 전력을 평준화시키기 위해

[2] '스포츠를 이용한 마케팅'의 정의 → 23쪽

서 프로구단들은 전년도 성적 순위의 역순으로 드래프트를 신청한 신인 선수들 가운데 한명씩 지명해 왔다.

프로축구의 신인선수 드래프트제

야구, 농구, 배구와 달리 축구는 국제대회에서 좋은 성적을 올릴 수 있어서 해당 선수는 드래프트를 거부하고 해외로 나갈 수 있었다. 그래서 2001년에는 프로축구의 드래프트제가 폐지되었고 2002년에는 자유계약제가 도입되었다. 그러나 시민구단과 지역연고기업이 대기업 구단에 비해 좋은 선수를 확보하지 못하는 자유계약제의 한계가 드러나면서 2006년에는 드래프트 제도가 다시 부활하였다. 다만 지명순서는 전년도 성적과 상관없이 모든 구단이 동일한 조건인 추첨을 통해 정하게 되었다.

4 스포츠마케팅과 스포츠경영과의 관계

스포츠마케팅과 스포츠경영과의 관계를 이해하기에 앞서 스포츠경영이 무엇을 의미이며 그 스포츠경영의 관리영역이 무엇인가를 먼저 이해하는 것이 바람직하다.

4-1. 스포츠경영의 정의

스포츠경영은 스포츠 재화나 서비스를 제공하는 스포츠조직이 목표달성을 위해 한정된 재정적(Money), 인적(Manpower) 및 물적(Material) 자원을 효과적으로 또는 효율적으로 계획, 실행 그리고 통제하는 일련의 연속적인 활동을 의미한다.

여기서 조직은 두 명 이상이 공동목표를 달성하기 위해 서로 연관된 업무를 분담하여 협력하는 집단을 의미하며, 비영리적 정부단체와 봉사단체, 그리고 영리적 기업 등 모두 포함한다.

또한 효과성은 성공적으로 목적을 달성하는 것을 의미하며, 효율성은 최소의 투입(예, 비용, 시간, 노력)을 통해 목적을 달성하는 것을 의미한다.

계획은 목표를 설정하고 그 목표를 달성하기 위해 필요한 활동을 결정하는 것이며, 실행은 그 활동을 어느 조직원으로 하여금 책임지고 수행하도록 하는 것이다. 아울러 통제는 활동이 계획대로 잘 수행되고 있는지 또한 제대로 수행된 활동들이 과연 목표를 달성하였는지를 평가한 후 상황에 알맞게 대처하는 것이다.

4-2. 스포츠경영의 관리영역

스포츠조직의 일부 주요 경영관리영역은 다음과 같다.

1) 인적자원관리

조직원의 채용, 개발, 보상, 및 복지 등에 대해 관리한다.

2) 마케팅관리

소비자의 욕구에 부응하도록 제품, 가격, 촉진활동, 장소, 및 PR을 계획한다.

3) 재무관리

필요한 자금을 조달 및 운용한다.

4) 생산운용 관리

원하는 제품을 적 품질, 적정 가격, 적시기에 적정 양을 생산한다.

5) 회계관리

조직의 경영성과에 대한 정보(예, 재무제표)를 내 · 외부인에게 제공한다.

4-3. 스포츠마케팅과 스포츠경영의 관계

목표달성을 위해 필요한 활동을 계획, 실행 및 통제하는 측면에서 스포츠마케팅은 일종의 스포츠경영 활동이다. 다만 스포츠마케팅은 달성하고자 하는 목표와 목표달성을 위해 계획, 실행 및 통제되는 활동의 유형에 있어서 다른 경영관리 영역과 구분된다.

5 스포츠마케팅 개념들의 비교

5-1. 스포츠마케팅과 스포트마케팅

스포츠(복수)는 골프, 축구, 야구 등 우리가 셀 수 있는 활동의 집합을 의미하며, 스포트(단수)는 스포츠, 피트니스, 레크리에이션 또는 레저와 관련되는 모든 재화와 서비스를 의미한다.

따라서 독립적으로 운영되고 있는 다양한 유형의 스포츠조직에 표준화된 마케팅 관행을 적용하기 위해서 스포츠조직을 전체적으로 동질적인 존재로 취급해야 한다는 맥락에서 'sport marketing'이라는 용어의 사용이 바람직하다.[3]

그러나 우리나라에서는 '스포츠마케팅'이라는 용어를 사용하고 있다. 이는 한국어로 '스포트'라는 단어가 없기 때문에 영어에서와 같이 구분하는 것이

3) 양성국, 김수잔 역(1996). 스포츠마케팅. 서울: 대경사.

혼란을 초래할 수 있다고 판단되었기 때문이다.[4)]

참고 영어를 주요 언어로 사용하고 있지 않는 나라들, 예를 들어 독일, 프랑스, 일본 등에서도 '마케팅'이라는 원어가 사용되고 있으며 이는 전 세계적 경향으로 볼 수 있다.

5-2. '스포츠 마케팅'과 '스포츠를 이용한 마케팅'

스포츠마케팅은 크게 '스포츠의 마케팅'과 '스포츠를 이용한 마케팅'으로 구분할 수 있다.

1) 스포츠의 마케팅(Marketing of Sport)

스포츠의 마케팅은 스포츠제품을 제공하는 기업이 소비자와의 교환을 창출하기 위해 5Ps에 대해 계획, 실행 및 통제하는 활동을 의미한다.

2) 스포츠를 이용한 마케팅(Marketing through Sport)

스포츠를 이용한 마케팅은 스포츠제품 또는 비스포츠제품을 제공하는 기업이 스포츠를 이용하여 자사 제품을 촉진하는 활동을 의미한다.

5-3. 스포츠마케팅과 일반마케팅

스포츠마케팅과 일반마케팅은 다음과 같은 차이를 나타내고 있다.

1) 제품의 차이

대부분의 스포츠제품은 서비스제품이므로 스포츠마케팅은 무형적 서비스와 관련되는 마케팅 활동에 중점을 두고 있는 반면, 일반마케팅은 유형적 상품과 관련되는 마케팅 활동에 중점을 두고 있다.

---

4) 양성국, 김수잔 역(1996). 스포츠마케팅. 서울: 대경사.

2) 장소의 차이

무형적 상품은 생산과 소비가 동시에 이루어지는 반면, 유형적 상품은 생산 후 보관 및 이동이 가능하므로 생산자가 아닌 도매상인과 소매상인에 의해 판매되는 경우가 많다. 그러므로 스포츠마케팅과 달리 일반마케팅은 장소요소를 유통(distribution)요소라고도 한다.

3) 촉진의 차이

'스포츠를 이용한 마케팅'은 일반마케팅이 아닌 스포츠마케팅의 활동이다.

4) PR의 차이

일반마케팅의 전통적 믹스는 제품, 가격, 촉진, 장소의 4가지 요소인 반면, 스포츠마케팅의 믹스는 제품, 가격, 촉진, 장소, PR의 5가지 요소라 할 수 있다.

5-4. 외부마케팅과 내부마케팅

고객을 크게 외부고객과 내부고객으로 나누어 볼 수 있다. 여기서 외부고객은 일반 고객 또는 소비자를 의미하며 내부고객은 직원을 의미한다. 각각의 유형의 고객을 대상으로 실시되는 마케팅은 다음과 같다.

1) 외부 마케팅(External Marketing)

기업이 외부고객의 욕구충족을 위해 수행하는 활동을 의미한다.

2) 내부 마케팅(Internal Marketing)

고객과 대면하는 직원들의 만족 없이 외부고객에게 만족을 제공하는 것이 어렵다는 점을 인정하는 기업이 해당 직원의 욕구충족을 위해 수행하는 활동을 의미한다.

5-5. 차별적 마케팅과 비차별적 마케팅[5)]

6 스포츠마케팅의 관리과정

6-1. 마케팅정보시스템의 구축(과정 1)

마케팅 정보시스템(Marketing Informations System; MIS)은 마케팅 조사를 실시하기 위해 필요한 사람, 설비 및 절차 등의 집합체를 의미한다.

1) 마케팅조사 수행자

만약 사업의 규모가 크고 재정적 능력이 있다면, 전문 마케팅조사자를 고용하거나 전문 마케팅조사 대행사에게 서비스를 의뢰할 수 있다. 그 반면 만약 사업의 규모가 작고 재정적 능력이 없다면, 기존 마케팅 담당자로 하여금 직접 조사를 책임지도록 하거나 연구방법과 통계를 잘 아는 대학원생에게 서비스를 의뢰할 수가 있다.

2) 마케팅조사 설비

마케팅조사를 위해 필요한 설비의 형태는 다양하다. 예를 들어, 설비는 면접조사를 위해 필요한 녹음기와 질문지 인쇄를 위해 필요한 프린터나 복사기일 수 있으며, 자료의 저장, 회수 및 분석이 용이한 컴퓨터 하드웨어와 통계 패키지 소프트웨어일 수 있다. 또한 설비는 신규 회원의 개인정보 수집이 용이한 웹사이트나 질문지일 수 있다.[6)]

[5)] 차별적과 비차별적 마케팅에 대한 설명 → 30쪽

[6)] 기타 마케팅조사 설비의 예시 → 61~63쪽

3) 마케팅조사 절차

마케팅조사의 절차는 필요한 자료를 어떤 형태로 언제, 어디서, 어떻게 수집할 것인가에 대한 지침일 수도 있고 각종 조사방법(예, 관찰, 면접, 질문지, 실험 등)[7]에 대한 연구절차일 수도 있다.

6-2. 마케팅 조사의 실행(과정 2)

마케팅 조사(Marketing Research)는 마케팅전략의 수립, 실행 및 효과측정을 위해 필요로 하는 정보를 규명, 수집, 분석 및 해석하는 과정이다.

1) 자료, 정보 및 지식의 차이

자료는 주로 수치 또는 문자로 구성되며 이에 의미를 부여할 경우 정보가 되고, 정보는 실무수행에 적용될 수 있을 경우 지식이 된다.

2) 1차 자료와 2차 자료의 차이

1차 자료는 목표달성을 위해 직접 수집해야 하는 자료들을 의미하며, 2차 자료는 기존에 타 목적으로 수집되어 존재하는 자료(예, 통계청 자료, 학위논문, 학술지, 신문, 잡지, 기업보고서 등)들을 의미한다.

6-3. 시장세분화(과정 3)

1) 시장세분화의 정의

시장세분화(Market Segmenting)는 전체 소비자를 제품에 대해 서로 다른 욕구를 가지고 있는 2개 이상의 소비자 집단으로 나누는 과정을 말하며, 이와 같은 세분화 과정을 거쳐 얻은 각각의 하위집단을 세분시장(Market Segment) 또는 세분집단(Segment Group)이라 한다. 예를 들어, 스포츠참여자는 흥미,

---

7) 각종 조사방법에 대한 설명 → 51~60쪽

체험, 기술습득, 건강유지, 자아실현, 재활 등 다양한 참여목적에 의해 세분화될 수 있다.

'시장' 의 개념

시장은 제품에 대한 구매욕구가 있으며 동시에 제품을 구매할 수 있는 능력이 있는 사람을 의미한다. 그러므로 개인 스키장비에 대한 구매욕구가 있을지라도 구매력이 부족한 스키참여자는 스키장비의 시장에 속하지 않는다. 같은 맥락에서 구매력이 있어도 구매욕구가 없는 스키참여자도 역시 스키장비의 시장에 속하지 않는다.

2) 시장세분화의 목적

소비자들의 욕구는 다면적이어서 일차원적 해결책으로는 만족시키기 어렵다. 이러한 상황에서 기업은 전체 소비자를 세분화한 후 각각의 세분집단의 욕구를 집중적으로 분석하고 이해하여 각각의 세분집단의 욕구를 최대로 충족시킬 수 있는 스포츠마케팅 전략을 수립한다면 보다 많은 소비자를 만족시킬 수 있을 것이다. 이러한 기대가 바로 시장세분화의 목적이다.

3) 세분집단에 대한 전제

세분집단 내 구성원은 같은 스포츠마케팅 전략에 유사하게 반응하며, 그 반응은 어느 정도 예측가능하다고 봐야 한다. 그래야지만 주어진 상황에서 표적 소비자집단으로부터 원하는 태도나 행동을 유도하기 위한 스포츠마케팅 전략을 수립할 수 있다.

4) 소비자만족 이외 세분화의 이점

전체시장보다 세분시장의 수요변화를 쉽게 감지하고 대처할 수 있으며, 같은 세분시장을 표적하는 경쟁사와의 비교가 용이하다

5) 세분화 기준의 4가지 조건[8)]

의미가 있는 세분화 기준이 되려면, 다음 네 가지 조건을 모두 갖추어야 한다.

① **측정가능성** : 세분집단에 속하는 소비자를 구분할 수 있도록 분별력 있는 기술적 항목이 존재해야 하며, 해당 구성원의 인원수를 계량적으로 측정할 수 있어야 한다.

② **접근용이성** : 세분집단에 속하는 소비자에게 마케팅 믹스를 쉽게 인지시킬 수 있어야 한다.

③ **수익창출가능성** : 투자가치가 있어야 한다.

④ **행동가능성** : 세분집단에 속하는 소비자를 대상으로 스포츠마케팅 전략을 효과적으로 수립 및 실행할 수 있는 능력(인력, 기술, 자금, 지식/경험 등)을 보유하고 있어야 한다.

6) 세분화 기준의 유형

일반적으로 이용되는 세분화 기준들은 다음과 같다

① 인구통계학적 특성(성별, 연령, 가족생활주기[9)], 소득, 학력 등)

② 지리적 기준(거주 지역, 인구, 기후 등)

③ 심리묘사적 기준(개성, 성향, 활동영역, 관심분야, 태도 등)

④ 행동적 기준(구매빈도, 구매량, 구매장소, 추구이익, 브랜드충성도, 가격변화 민감도[10)], 신제품출시 후 소비하기까지 걸리는 시간[11)] 등)

---

8) 세분화 과정에서 모든 세분집단이 접근용이성, 수익창출 가능성과 행동가능성 조건을 꼭 갖출 필요가 없다. 표적화 과정에서 해당하지 않는 세분시장을 무시하고 갖춘 세분시장을 표적시장으로 선정할 수 있기 때문이다.

9) 단순히 결혼여부를 기준으로 적용하는 경향이 있는데 가족생활주기는 좀 더 구체적인 것으로 결혼전기, 결혼적응기, 자녀아동기, 자녀청소년기, 자녀독립기, 노년기로 구분할 수 있다.

7) 세분화 기준의 선택

① 필요한 의사결정에 따라 선택기준이 달라진다. 예를 들어 가격을 결정해야 할 경우, 소득과 가격민감도가 적합한 기준이 될 수 있으나, 제품의 디자인에 대해 결정해야 할 경우, 성별과 연령이 적합한 기준이 될 수 있다.

② 자신이 가지고 있는 시장과 제품에 대한 정보를 토대로 직감적으로 선택해야 한다.

③ 하나의 변수를 기준으로 세분화 할 수도 있고 여러 개의 변수를 결합하여 세분화 할 수도 있다. 예를 들어, 성별과 연령을 중심으로 전체 소비자를 20~30대 여성, 40~50대 여성, 20~30대 남성, 그리고 40~50대 남성의 4개 세분집단으로 세분화 할 수 있다.

④ 질문지의 응답자료를 토대로 변수 1에 따른 변수 2의 차이를 통계로 분석해서 차이가 나타난다면 변수 1을 세분화 기준으로 적용할 수 있다.

6-4. 표적화(과정 4)

1) 표적화의 정의

표적화(Targeting)란 시장세분화 과정을 통해 구분된 2개 이상의 세분집단 가운데 기업의 마케팅 활동 대상이 될 1개 이상의 세분집단을 선정하는 과정을 말하며, 이렇게 선정한 세분집단을 표적시장(Target Market)이라 한다.

---

10) 수요의 탄력성 개념에 대한 기술 → 102쪽

11) 평균시간을 토대로 전체 소비자를 '혁신자 - 조기 구매자 - 일반 구매자 - 후기 구매자 - 만기 구매자'로 세분화할 수 있으며, 구매자유형별 평균시간을 나타내는 곡선을 혁신 확산 곡선이라 한다.

2) 표적화의 의의

기업에게 모든 세분집단의 욕구를 충족시킬 수 있는 능력이 부족[12]할 수 있다. 이 경우, 기업은 자사의 여건을 고려하여 효과적 또한 효율적으로 만족시킬 자신이 있는 세분집단을 선정하여야 한다.

3) 표적시장의 선정에 따른 마케팅 전략의 분류

표적시장의 선정에 따라 다음 세 가지 유형의 전략이 수립될 수 있다

(1) 비차별적 마케팅

소비자의 다양한 욕구, 즉 세분시장 간의 차이를 무시하고 전체 소비자를 대상으로 하나의 마케팅 믹스를 제공하는 방법이다. 그 예로 월드컵은 축구를 좋아하는 세계 모든 사람들을 대상으로 열린다고 볼 수 있다.

단일 마케팅 믹스 → 전체시장

(2) 차별적 마케팅

표적대상으로 선정한 복수의 세분집단에 대하여 각각 적합한 마케팅 믹스를 제공하는 방법이다. 그 예로 수영장에서 어린이와 일반인 강습반을 각각 초급, 중급, 상급의 과정으로 나눠서 운영하는 것을 들 수 있다. 또한 나이키 사가 운동화 시장을 러닝화, 농구화, 축구화 등으로 세분화하여 러닝화로는 에어맥스 시리즈, 농구화로는 에어조던 시리즈, 축구화로는 토달90 및 머큐리 시리즈 등의 제품을 내걸어서 마케팅 하는 것을 볼 수 있다.

---

12) 경험 부족, 정보 부족, 생산기술 부족, 인적 자원 부족, 재정적 자원 부족 등

마케팅 믹스1 → 세분시장 1 (=표적시장 1)
마케팅 믹스2 → 세분시장 2 (=표적시장 2)
세분시장 3

(3) 집중화 마케팅

가장 유리한 특정 세분시장만을 표적하여 적합한 마케팅 믹스를 제공하는 방법으로, 자원이 제한되어 있을 때 주로 이용된다. 예를 들어, 일반적으로 태권도 도장은 초등학생, 특히 저학년을 표적대상으로 마케팅을 하고 있으며, 유아체육은 전체 시장이 아닌 유아만을 대상으로 적합한 마케팅 믹스를 제공하고 있다.

세분시장 1
단일 마케팅 믹스 → 세분시장 2 (=표적시장)
세분시장 3

(4) 틈새 또는 니치(niche) 마케팅

잠재적 수요가 있으나 특별한 욕구가 아직 충족되고 있지 않는 소규모의 특정 세분집단을 표적대상으로 적합한 마케팅 믹스를 제공하는 방법이다. 예를 들어, 리복은 여성을 처음으로 표적하는 운동화로 에어로빅화를 1982년에 성공적으로 출시한 후 1987년까지 성장하여 나이키를 제치고 1위 스포츠브랜드로 자리를 잡을 수 있었다. 또한 푸마는 2000년까지 스포츠시장에서 소외되어왔던 10대 후반과 20대 초반의 여성들을 대상으로 다양한 제품을 출시하여 매출을 크게 늘릴 수 있었다.

4) 표적시장 선정 시 고려해야 할 사항

(1) 수요

세분시장의 규모를 보고 수요를 예측하는 경향이 있는데 이것은 주의가 요구된다. 그 이유는 상당의 수익을 발생시키는 마니아 집단은 상대적으로 그 인원이 적기 때문이다.

(2) 수익성과 성장률

수익성과 성장률이 높은 세분집단은 표적대상으로 매력이 있으나 그러므로 경쟁자 역시 해당 세분집단을 표적할 가능성이 높으며, 이에 따른 치열한 경쟁은 미래의 수익성을 감소시킬 수 있다.

(3) 경쟁력

경쟁적 이점을 누릴 수 있다고 판단되는 세분시장을 표적시장으로 선택해야 하므로 세분시장을 자사의 강·약점(예, 인력, 기술, 경험, 시설, 자금, 브랜드인지도 등)에 비추어 분석을 해야 한다.

6-5. 위치화(과정 5)

1) 위치화의 정의

위치화(Positioning)란 기업이 특정 제품이 어떤 제품인지를 소비자에게 인지시키는, 즉 머리에 '자리 잡도록' 하는 과정이다.

2) 위치화의 의의

자신의 욕구에 부응할 수 있는 제품일지라도 소비자가 제품에 대해 모른다면 소비자는 해당 제품을 찾지 않을 것이다. 따라서 잠재적 소비자에게 특정 제품이 어떤 제품인지를 인지시켜서 필요로 하는 사람들로 하여금 제품을 스스로 찾도록 해야 한다.

또한 사람은 복잡한 존재임에도 불구하고 "순이는 착하고 성실하다." "철수는 리더십이 있고 책임감이 강하다"와 같이 단순하게 1~3개의 특성으로 기술되는 경향이 있다. 소비자의 제한적인 정보처리능력 때문에 위치화 과정에서 제품 역시 쉽게 기억되고 경쟁제품과 구분되고 기억될 수 있도록 1~3개의 주요 제품속성만으로 기술되어야 한다.

3) 위치화의 유형

다음은 3가지 유형의 위치화 전략이다.

(1) 속성 · 편익에 의한 위치화

제품이 특정 속성이나 편익을 제공한다고 소비자에게 인지시키는 전략이다. 예를 들어, 태권도 도장은 태권도 수련이 어린이에게 신체발달뿐만 아니라 예의범절과 인성교육의 편익을 제공한다고 강조하고 있다.

(2) 사용 상황에 의한 위치화

제품을 특정 상황에 사용하는 것으로 소비자에게 인지시키는 전략이다. 예를 들어, 게토레이 이온음료는 운동 후 갈증이 날 때 마시는 것으로 위치되었다.

(3) 사용자에 의한 위치화

제품이 특정 사용자에게 적합하다고 소비자에게 인지시키는 전략이다. 예를 들어, 과천 경마공원은 도박인보다 가족이 즐길 수 있는 곳으로 강조되고 있다.

4) 위치화의 전략수립 절차

(1) 1단계(소비자 분석)

소비자를 대상으로 마케팅 조사를 실시하여 제품으로부터 원하는 속성과 각 속성의 중요도를 파악한다.

① **속성 파악** : 3~5개의 중요한 속성을 전문가의 판단 또는 소비자(대인 혹은 집단)와의 면접을 통해 파악한다.

② **중요도 파악** : 위에서 파악한 속성의 상대적 중요도를 아래와 같은 척도로 구성된 질문지를 이용하여 소비자들로부터 직접 알아본다.

운동화의 예)

	매우 중요하지 않다		많이 중요하지 않다		약간 중요하지 않다		보통		약간 중요		많이 중요		매우 중요
기능성	1	-	2	-	3	-	4	-	5	-	6	-	7
디자인	1	-	2	-	3	-	4	-	5	-	6	-	7
내구성	1	-	2	-	3	-	4	-	5	-	6	-	7
착용감	1	-	2	-	3	-	4	-	5	-	6	-	7

(2) 2단계(경쟁자 파악)

제품과 경쟁하는 유사제품과 대체 제품[13)]을 파악한다.

(3) 3단계(경쟁제품과의 비교)

자사 제품과 경쟁제품이 각각 주요 속성을 얼마나 잘 갖추고 있는지를

---

13) 대체제품은 형태는 다르지만 같은 욕구를 충족시켜 주는 제품을 의미한다. 예를 들어, 일반 수영장의 대체제품은 워터파크나 해수욕장이라 할 수 있으며, 골프의 대체제품은 스크린골프라 할 수 있다.

파악하고 비교한다.

① 속성 수준 평가

아래와 같은 척도로 구성된 질문지를 잠재적 소비자들에게 배포하여 자료를 얻을 수 있다.

	매우 낮다		많이 낮다		약간 낮다		보통		약간 높다		많이 높다		매우 높다
기능성	1	-	2	-	3	-	4	-	5	-	6	-	7
디자인	1	-	2	-	3	-	4	-	5	-	6	-	7
내구성	1	-	2	-	3	-	4	-	5	-	6	-	7
착용감	1	-	2	-	3	-	4	-	5	-	6	-	7

② 제품의 비교

자사 제품과 경쟁제품의 비교는 소비자의 제품에 대한 태도 측정에서 비롯되며, 현재 가장 널리 이용되고 있는 태도 측정방법은 Fishbein 모델로 다음과 같다.

		A화		B화		C화	
속성	중요도 평점	속성 평점	중요도 X 속성평점	속성 평점	중요도 X 속성평점	속성 평점	중요도 X 속성평점
기능성	6	5	30	6	36	5	30
디자인	4	6	24	5	20	4	16
내구성	5	4	20	5	25	4	20
착용감	5	5	25	4	20	6	30
전체 태도			99		101		96

❖ **유의할 점** : 위의 표에서 나타나는 수치들은 대다수의 소비자가 부여한 점수의 평균이므로 실제로는 소수점으로 표기되어야 하지만 내용을 보다 쉽게 이해할 수 있도록 점수로 표기된 것이다. 또한 각각의 중요도 점수도 임의적으로 선정하였으므로 실제와 다를 수 있음을 유의하여야 한다.

◆ **브랜드에 대한 전반적 태도 비교** : 2개 이상의 브랜드의 '전체 태도' 점수를 비교함으로써 브랜드의 상대적 위치를 알 수 있다. 예를 들어, 위의 표를 살펴보면 대체로 B화(101)가 A화(99)와 C화(96)에 비해 우수한 것으로 인식되고 있음을 알 수 있다.

◆ **속성별 브랜드의 평점 비교** : 속성별 2개 이상의 브랜드의 평점을 비교함으로써 각각의 브랜드가 가지고 있는 강약점을 알 수 있다. 예를 들어, 위의 표를 살펴보면 B화는 기능성과 내구성이 가장 우수하지만 착용감이 가장 떨어지며, C화는 착용감이 가장 우수하지만 디자인이 가장 떨어지고, A화는 디자인이 가장 우수하다.

(4) 4단계(자사 제품의 위치 선정)

경쟁 제품에 비해 소비자의 욕구를 보다 많이 충족시킬 수 있는 방법을 선정해야 한다. 접근은 아래 두 가지 방법으로 할 수 있다.

① **현재를 위한 위치화 결정** : 제품의 강점을 강조하는 방법으로 제품을 위치화 할 수 있다. 예를 들어, B화는 기능성과 내구성이 다른 제품에 비해 우수하기 때문에 해당 기업은 B화를 기능성과 내구성이 우수한 제품으로 위치화 할 수 있다는 것이다. 같은 맥락으로 C화는 착용감이 우수한 제품으로 위치화되고 A화는 디자인이 우수한 제품으로 위치화 될 수 있다.

② **미래를 위한 위치화 결정** : 제품을 어떤 방향으로 발전시켜서 미래에는 어떻게 위치화 할 것인가를 결정해야 하는 경우가 있는데, 이는 흔히 가장 중요한 두 가지 속성을 중심으로 제품의 현재 시장위치를 파악한 후 유리한 틈새를 발견하는 방법으로 접근된다.
틈새를 발견하는 데 있어서 아래와 같은 지각도(Perceptual Map)의 사용이 용이하다.

지각도(Perceptual Map)

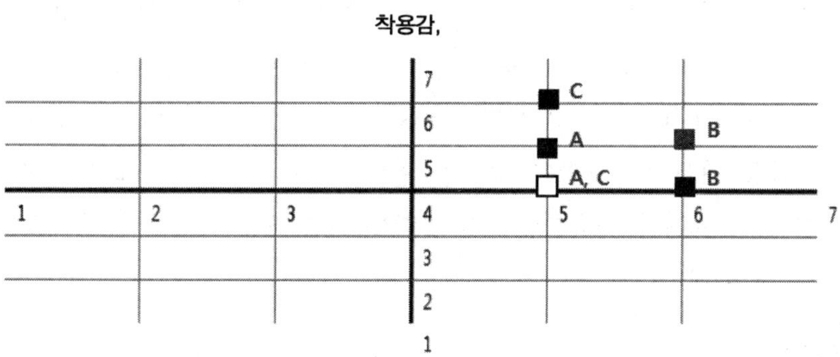

□ 기능성–착용감의 현 위치

■ 기능성–내구성의 현 위치

* 위의 지각도에 나타나는 점들은 브랜드별로 해당 속성의 평점을 나타내고 있다.

◆A화의 경우, 제품을 개선할 수 있는 일부 방법은 다음과 같다.

- 착용감만 개선할 경우 C화와 경쟁하므로 기능성을 개선하거나 기능성과 착용감을 동시에 개선한다.
- 내구성을 개선하거나 기능성을 개선한다. 내구성과 기능성을 같이 개선하면 B화와 직접 경쟁하게 된다.

◆B화의 경우, 제품을 개선할 수 있는 방법은 착용감을 개선하는 것이다.

◆C화의 경우, 제품을 개선할 수 있는 방법은 내구성을 개선하거나 기

능성을 개선하는 것이다. 내구성과 기능성을 같이 개선하면 B화와 직접 경쟁하게 된다.

지각도는 주요 속성을 중심으로 경쟁자의 시장위치뿐만 아니라 시장점유율의 크기까지 나타낼 수 있으며, 이 경우 위치화에 대한 의사결정은 경쟁자의 큰 시장점유율을 잠재적 수요뿐만 아니라 장애(예, 경쟁자의 브랜드인지도, 대응의 적극성 등)의 두 가지 관점에서 고려해야 한다.
예를 들어, 앞에서 A화는 착용감을 개선함으로써 C화와 직접 경쟁하게 되므로 착용감과 기능성을 둘 다 개선하여 틈새시장을 개발할 수 있다고 하였다. 하지만 C화의 시장점유율이 낮다는 점을 감안할 때 A화는 착용감을 개선하여 C화와 경쟁할 수도 있다. 그 반면, C화의 시장점유율이 크고 A화의 시장점유율이 낮다면, A화에서 착용감만 개선하는 것은 바람직하지 않다.

착용감

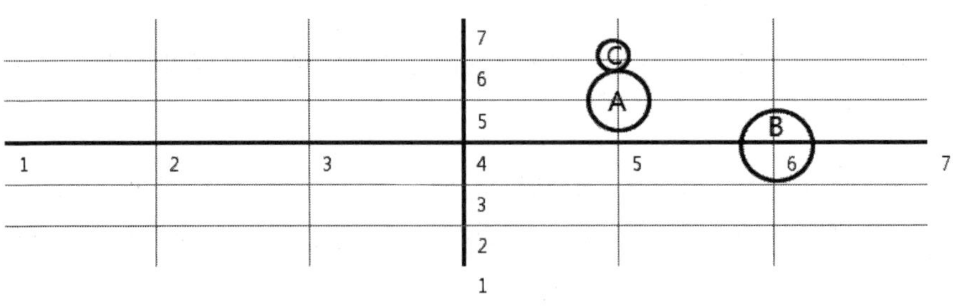

(5) 5단계(효과 측정)

제품에 대한 소비자의 인식을 조사하고 시간의 흐름에 따라 소비자의 욕구와 경쟁 환경이 달라질 경우 제품을 재위치화 시킨다.

6-5. 실행

실행은 표적대상에게 제품을 효과적으로 위치화 시키기 위해 수립한 5Ps에 대한 계획, 즉 수립한 스포츠마케팅 전략을 실천하는 것을 의미한다.

> **전략적 마케팅 = STP 마케팅**
>
> 스포츠마케팅을 전략적으로 수행하기 위해서는 STP 마케팅을 수행해야 한다. TP 마케팅은 앞에서 기술한 세분화(Segmenting), 표적화(Targeting), 위치화(Positioning)의 3가지 과정을 거쳐 스포츠마케팅 전략을 수립하는 것을 의미한다.

6-6. 통제

통제는 이미 실행된 마케팅 전략의 효과를 측정하고 문제가 있을 경우 대처하는 것을 의미한다.

7 소비자에 대한 필요정보

인간의 심리가 복잡한 것처럼, 소비자의 심리도 마찬가지이다. 스포츠마케터는 마케팅 조사의 일환으로 소비자들에 대해 철저한 분석을 수행하여 그들의 심리, 즉 욕구와 행동을 이해하려고 노력해야 한다. 그런데 기업에서 소비자 조사 없이 제품을 출시하는 이유는 무엇일까? 소요시간과 비용의 문제 때문이다. 또한 시장조사를 했다 하더라도 소비자들의 심리를 제대로 파악하지 못하거나 정확한 조사결과를 마케팅 전략에 제대로 반영하지 못하여 실패하는 경우가 있다. 90년대의 한 통계자료에 의하면 신제품 아이디어의 70~80%가 실패한다고 보고하고 있다.

다음은 특정 순서 없이 스포츠마케터가 소비자에 대해 조사해야 할 일부 내용들을 기술한 것이다.

1) 인구통계학적 특성

성별, 연령, 소득, 학력, 직업, 거주지, 종교 등을 포함하며 표적고객의 프로필을 제공해 줄 수 있다.

2) 욕구

잠재적 소비자들이 무엇을 원하는지를 알아내고 충족시켜야 한다.

3) 욕구의 상대적 중요도

중요한 욕구부터 충족시켜야 한다.

4) 기대수준

소비자가 기대하는 수준 이상을 이행해야만 소비자가 만족 또는 감동을 느낀다.

5) 지각 이행수준

서비스가 기대수준에 얼마나 가까이 접근하는지를 알아내어 개선할 부분이 무엇인가를 파악해야 한다. 예를 들어, 소비자들이 원하는 5가지 서비스 항목의 기대수준과 이행수준이 아래와 같다고 하자. 이들 항목 중 어느 것에 주의를 기울어야 할까?

서비스 항목	기대수준	이행수준
가	3.65	3.10
나	2.70	2.74
다	3.00	3.40
라	4.12	4.20
마	4.60	3.90

만약 기대수준의 평균만 제공되었다면 우선적으로 '마', 다음으로 '라'에 주의를 기울어야 할 것으로 보일 수 있다. 또한, 만약 기대수준이 아닌 이행수준의 평균만 제공되었다면 우선적으로 '나'와 '가'에 주의를 기울어야 할 것으로 보일 수 있다. 그러나 만약 위의 표에서와 같이 기대수준과 이행수준이 함께 제공되었다면 아마도 '나'의 이행수준이 낮더라도 그 기대수준도 낮아서 특별한 주의가 요구되지 않는다는 점을 알 수 있을 것이다. '라' 역시 이행수준이 기대수준을 초과하고 있어서 특별한 주의가 요구되지 않는다. 그러나 '마'의 이행수준은 다른 항목의 이행수준에 비해 상대적으로 높은데도 불구하고 기대수준에 많이 못 미치기 때문에 우선적으로 '마'에 주의를 기울어야 한다고 볼 수 있다.

6) (불)만족 사항

많은 경영자들은 자사의 서비스 품질을 불만신고 횟수에 의하여 측정하는 경향이 있다. 그러나 불만이 없다는 것은 문제가 없다는 것을 의미하지 않는다. 한 연구는 특정서비스에 불만을 가진 96%의 사람들이 서비스 제공자에게 불만을 신고하지 않는다고 보고하였다.[14] 따라서 불만족 사항에 대한 조사는 서비스문제를 파악하고 향상하는데 도움을 준다.

---

[14] Zeithaml, V. A. Parasuraman, A., & Berry, L. L. (1990). Delivering quality service. New York: The Free Press.

7) 구매의사결정에 영향을 미치는 요소

제품속성 이외에 시장상황(예, 경제, 가격할인)으로 인해 소비자는 덜 선호하는 브랜드를 구입할 수 있다. 그러므로 제품선택에 영향을 미치는 요소들을 파악할 필요가 있으며, 몇몇 스포츠 재화와 서비스에 대해서는 이미 해당 선행연구들이 이루어져 왔다.

8) 제품을 소비하지 않는 이유

소비자들이 제품을 소비하는 이유뿐만 아니라 제품을 소비하지 않는 이유까지도 이해해야 한다. 예를 들어, 어린 자녀 때문에 프로그램에 참여하지 못하는 어머니들을 위해 일부구단, 스키장, 그리고 스포츠센터는 놀이방을 운영하고 있다.

9) 제품소비를 저해하는 요인

이는 제품을 전혀가 아니고 자주 소비하지 못하는 이유를 알아내는 것을 의미함으로 제품의 문제보다는 소비자의 문제에 중점을 둔다.

10) 구매동기 또는 구매목적

이는 제품을 통해 소비자가 해결하고자 하는 문제를 이해하도록 하여 제품의 개발과 광고의 기획에 도움을 준다.

11) 구매시기(계절, 월, 요일, 시간대 등)

소비자들이 자연스럽게 제품을 찾는 시기에 촉진활동을 적극적으로 수행하는 것이 효과적이기 때문에 구매시기는 촉진활동에 대한 의사결정에 도움을 주는 자료가 된다.

12) 구매빈도(이용률)

이용률이 높은 소비자는 이미 제품에 대하여 어느 정도 만족하고 있음을 의미한다. 따라서 특별 관리는 그 만족을 증대시키고 고객으로 오래 유지할 수 있을 것이다. 이용률이 낮은 소비자에게도 특별 관리는 이용률을 높일 수 있을 것이다.

13) 동반자

사람들이 제품을 누구와 함께 소비하는가를 알면 어느 집단(예, 가족, 동호회인, 직장인 등)을 대상으로 하여 제품을 촉진해야 할 것인가를 결정하는데 있어서 도움이 될 것이다.

14) 구매에 대한 의사결정권을 가지고 있는 소비자

집단으로 소비되는 제품의 경우, 의사결정에 의견이 많이 반영되는 멤버가 있을 것이다. 마케터는 그 멤버를 대상으로 촉진활동을 수행해야 한다.

15) 제품을 알게 된 계기

이 자료는 다양한 촉진방법들 가운데 어느 방법이 상대적으로 효과가 있는지를 판단하는데 도움을 준다.

16) 일상적으로 읽고 보는 대중매체와 내용분야

이는 제품을 어디에 광고할 것인가를 결정하는데 도움을 준다.

17) 소비자의 관심분야와 취미

이는 어느 행사를 후원 또는 개최할 것인가를 결정하는데 도움을 준다.

18) 현 소비자의 연락수단

제품에 대해 관심이 낮은 사람의 구매를 유도할 수는 있을지라도, 촉진활동은 제품에 대해 관심이 높은 사람을 대상으로 수행될 경우에 보다 효과적이다. 따라서 과거 구매자는 제품에 대한 관심을 이미 보인 사람으로서 미래의 촉진활동 대상으로 선정되는 것이 바람직하다.

8 경쟁자에 대한 필요정보

기업이 소비자의 욕구를 충족시키는 제품을 제공할지라도 경쟁자가 더 우월하게 소비자의 욕구를 충족시킨다면 경쟁력은 감소한다. 따라서 기업은 경쟁자의 스포츠마케팅 활동을 파악하고 대처할 수 있어야 한다. 특히 아래의 항목에 대한 이해가 요구된다.

1) 유사한 형태의 제품을 제공하는 경쟁자

제품선택 시 소비자가 함께 비교 및 평가하는 대상을 알아내면 강력한 경쟁상대가 누구인지를 파악할 수 있다.

2) 다른 형태의 제품을 제공하는 경쟁자

워터파크는 타 워터파크하고만 경쟁하는 것이 아니라 일반 수영장 또는 해수욕장과 경쟁한다고 볼 수 있다. 또한 청소년들이 스포츠에 참여하지 않고 컴퓨터게임을 즐기는 점을 보면 스포츠 역시 컴퓨터게임과 경쟁한다고 볼 수 있다.

3) 현재와 미래 경쟁 정도

경쟁 정도에 따라 마케팅 전략이 달라지며, 미래의 경쟁 정도는 현재의 수익성과 진입장벽을 토대로 추정할 수밖에 없다. 다시 말해서, 수익성이 높은 시장의 경우 많은 사람들은 진입하고 싶어 할 것이지만 사업시작비용과 기존 기업의 인지도가 높을수록 그 수는 제한받을 것이다.

4) 경쟁제품의 강약점 또는 차별성

브랜드별로 주요 제품속성에 대한 소비자들의 평점을 비교해 봄으로써 자사 브랜드의 강약점을 알 수 있다.

5) 경쟁자의 반응유형

반응은 다음의 유형으로 분류할 수 있다.

① 저속 반응 : 고객의 충성도가 비교적 높다고 생각하기 때문에 경쟁자의 움직임에 대해 신속하게 반응하지 않는다.

② 선택적 반응 : 특정 유형의 공격에만 대응한다.

③ 고속 반응 : 자기 영역을 공격당하면 신속하고도 강력하게 대응한다.

④ 예측 불가능한 반응

9 환경에 대한 필요정보

9-1. 환경이란?

환경은 기업의 활동에 영향을 미치는 모든 영역들을 의미한다.

9-2. 환경의 분류

보편적인 분류는 다음과 같다.

전체 환경 = 외부환경* + 내부환경
= [일반 환경 + 과업 환경] + 내부환경
= [거시적 환경 + 미시적 환경] + 내부환경

참고 외부환경을 국내 외부환경과 국제 외부환경으로 구분하는 학자들이 있는데. 이와 같은 구분을 할 경우, 일부 요소(예, 환율변동)의 경계는 애매모호할 수 있다.

과업(미시적) 환경요소는 분석대상인 기업의 활동에 직접적 영향을 미치는 요소들이며, 일반(거시적) 환경요소는 분석대상인 기업을 포함하여 유사한 제품을 제공하는 모든 기업에게 간접적 영향을 미치는 요소들이다. 예를 들어, 만일 분석대상이 청평에 있는 한 수상스키장이라면, 일반(거시적) 환경요소는 청평에 있는 모든 수상스키장에 영향을 미치는 요소들이며, 과업(미시적) 환경요소는 분석대상인 특정 수상스키장에게만 영향을 미치는 요소들이다.

9-3. 외부환경분석이 중요하게 인지된 계기

20세기 초만 하더라도 조직은 폐쇄 시스템으로 인식되었다. 그러나 조직이 외부환경으로부터 영향을 받는다는 개방시스템 이론이 도입되면서 외부환경의 중요성이 부각되었다.

9-4. 외부환경분석의 필요성

기업은 환경으로부터 영향을 받지만 그 환경을 통제할 수는 없다. 따라서 기업은 외부환경의 변화를 주기적으로 감시하고 그 변화에 대처해야 한다. 또한 기업은 계획수립을 위해 외부환경에 대한 분석을 토대로 미래에 예상되는 변화에 대해서도 예측해야 한다.

9-5. 외부환경분석의 문제점

경영자가 지각하는 환경은 주관적이다. 그래서 대책을 세울 때 이 주관적 환경이 실제 환경과 엇비슷할 경우에는 문제가 없으나 잘못 판단되었을 경우, 기업은 많은 피해를 입을 수 있다.

9-6. 외부환경변화가 예측 용이한 경우

환경의 변화는 기업에게 영향을 미치는 요소들의 종류가 적거나 그 종류가 많더라도 1~2개 요소의 영향력이 상대적으로 클 경우, 또한 변화하는 속도가 느릴 때 예측 용이하다.

9-7. 외부환경변화에 대한 자료수집

환경변화에 대한 정보는 환경과 기업의 경계선에서 활동하는 종업원의 수를 늘리고 이들의 정보수집 활동을 적극 지원함으로써 확보할 수 있다. 또한 전문기관이나 전문가를 통하여 제공받을 수 있다.

9-8. 분류별 기업의 활동에 영향을 미치는 환경요소

1) 일반(거시적) 환경 요소

일반환경요소들과 각각의 요소가 미치는 영향에 대한 예시는 다음과 같다.

(1) 경제적(국민소득, 경기 등)

❖ 예시

국민소득 증대 → 삶의 질 향상 추구 → 여가활동 증대

경기 침체 → 소비자의 구매력 감소 → 여가활동 감소

(2) 인구통계학적(인구 수, 성별, 연령, 소득, 직업, 학력, 종교 등)

❖ 예시

인구의 노령화 → 노인 생활체육 프로그램 증가

출생률의 감소 → 자녀의 양육에 관심 증대 → 유아체육에 대한 수요 증대

(3) 사회문화적

❖ 예시

외모 중시 사회 → 체중감량을 위한 운동참여 증대

학업 중시 사회 → 청소년의 운동참여 감소

(4) 정치적/법률적

❖ 예시

올림픽 개최로 인한 국가 위상 상승 → 스포츠에 대한 관심 고조

'sport for all' 지향 스포츠정책 → 스포츠시설과 프로그램 증가
주 5일 근무제 → 여가시간 증가 → 여가활동 증대

(5) 자연적(계절, 기후, 자연환경 등)

❖ 예시

계절에 따른 수요 변화 → 계절에 따른 수익성 변화
날씨 → 야외스포츠의 참여 증대 혹은 감소
한탄강과 서울 간의 원거리 → 래프팅 수요 제한

(6) 기술적(신기술, 신제품, 기술변화의 속도 등)

❖ 예시

인터넷 확산 → 전자상거래, 웹사이트 운영
무선통신 발달 → 모바일 마케팅 등장

2) 과업(미시적) 환경 요소

(1) 고객 : 산업제품과 소비제품의 고객들을 의미한다.

❖ 예시

주요 고객의 인구통계학적 특성과 소비행동 → 표적고객의 선정 소비자 욕구 → 마케팅 전략의 수립
소비자 만족도 → 소비자의 구전과 재구매

(2) 경쟁자 : 유사제품과 대체제품을 제공하는 경쟁자들을 의미한다.

❖ 예시

경쟁 치열성 → 서비스의 개선과 차별화 필요성 증대
경쟁자의 전략 → 기업의 대응전략 요구

(3) 공급업자 : 원재료나 산업제품을 제공하는 업체들을 의미한다.

❖ 예시

불량품 공급 → 기업의 생산성 감소 또는 불량품 증가

원재료 가격인상 → 기업의 제품가격 인상 또는 수익감소

(4) 중간매개상인 : 최종구매자에게 제품을 유통, 촉진 및 판매하는 과정에서 기업을 도와주는 도매상인과 소매상인들을 의미한다.

❖ 예시

중간매개상인의 증가 → 제품의 인지도와 구매용이성 증대

상인의 제품추천 → 제품의 매출증대

(5) 대중 : 노동조합, 이사회, 주주, 지역주민, 소비자보호단체, 환경보호단체, 언론기관, 정부기관, 채권자 등을 의미한다.

❖ 예시

채권자의 기업에 대한 신뢰 → 자금조달 용이성

이사의 새로운 대표이사 선정 → 경영방향과 관리방식의 변화

3) 내부환경 요소

① 정보

② 재정력, 자금조달능력

③ 생산성(소요비용, 수요와 공급의 균형, 소요시간, 품질 등)

④ 조직구조[15]

⑤ 브랜드 인지도

⑥ 인력(인원 수, 경력, 능력, 지식 등)

---

15) 소수 계층과 분권화는 환경변화에 더 신속하게 대응하도록 한다.

⑦ 독점기술, 노하우

⑧ 시설(규모, 최신성 등)

⑨ 기타

10 조사대상과 방법[16)]

앞에서 제시한 바와 같이 소비자, 경쟁자 및 외부환경을 포함한 다양한 주제에 대한 정보를 수집한 후 그 정보에 근거를 두고 스포츠마케팅 의사결정을 내려야 한다. 모집단(Population)은 특정 연구의 대상이 될 수 있는 모든 사람들을 의미하나 대부분의 경우 해당 인원이 너무 많고 접근이 어려워서 전체를 조사할 수 없다. 그러므로 일반적으로 모집단을 대표할 수 있는 있는 표본(Sample)을 선정한 다음 이 표본을 대상으로 조사를 실시하고 결과를 모집단으로 일반화한다. 조사대상자의 선정방법과 정보수집을 위한 조사방법은 다음과 같다.

10-1. 표본추출방법

1) 단순무작위표집(Simple Random Sampling)

단순무선표집 방법은 가장 이상적인 표본추출방법으로 모집단의 구성원이 표본으로 추출될 확률을 동일하도록 하는 방법이다. 구체적인 실행방법은

16) 마케팅 조사를 효율적으로 수행할 수 있도록 마케팅 전공 학부생은 연구방법과 통계를 공부하는 것이 바람직하다.

다음과 같이 다양하다.

(1) 추첨용지 이용

사례수만큼 추첨용지를 만들고 추첨된 대상을 표본으로 선정하는 방법이다.

(2) 난수표(Random Number Table) 이용

난수표를 이용하여 선정한 번호와 일치한 번호를 가진 대상을 표본으로 선정하는 방법이다.

(3) 체계적 표집(Systematic Sampling)

모집단이 일정한 순서 없이 배열되어 있다고 전제하고 일정한 간격을 두고 대상을 표본으로 선정하는 방법이다. 예를 들어, 만약 마라톤대회 참가자 1000명 중 100명을 선정하고자 한다면 먼저 1과 10 사이에서 번호를 하나 무작위로 선정한다. 만약 선정한 번호가 3이라면, 3, 13, 23,...103, 113, 123,...903, 913, 923,...993번에 해당하는 참가자를 선정한다.

(4) 유층표집(Stratified Sampling)

모집단을 몇 개의 세분집단으로 나눈 후 세분집단별 대상을 표본으로 선정하는 방법이다. 예를 들어, 관람구역별 경기의 관람자를 선정하거나 참여 프로그램별 스포츠센터의 회원을 선정한다.

난수표의 예

11339	19233	50911	14209	39594	68368	97742	36252	27671	55091
96971	19968	31709	40197	16313	80020	01588	21654	50328	04577
07779	47712	33846	84716	49870	59670	46946	71716	50623	38681
71675	95993	08790	13241	71260	16558	83316	68482	10294	45137
32804	72742	16237	72550	10570	31470	92612	94917	48822	79794
14835	56263	53062	71543	67632	30337	28739	17582	40924	32434
15544	14327	07580	48813	30161	10746	96470	60680	63507	14435
92230	41243	90765	08867	08038	05038	10908	00633	21740	55450
33564	93563	10770	10595	71323	84243	09402	62877	49762	56151
84461	55618	40570	72906	30794	49144	65239	21788	38288	29180

·
·
·

난수표의 이용방법

2000명 중 100명을 선정해야 할 경우....

1. 모든 대상에게 번호를 부여한다.
2. 난수표에 기입된 번호를 아무거나 선정한다.
   → 위 표에서 박스 안에 나타나는 '9'를 선정
3. 2000번까지 선정할 수 있어야 하기 때문에 4 자리 수를 선정한다.
   → 9697을 선정
4. 차례대로 나타나는 4자리 수를 계속 선정한다.
   → 1199, 6831, 7094, 0197, 1631, 3800, 2001, 5882. 1654...를 선정
5. 선정 수치와 일치하는 번호를 부여받은 대상을 표본으로 선정한다.
   → 1199, 197, 1631, 1654에 해당하는 대상을 선정

참고 프로스포츠의 경우, 모집단이 일정한 순서 없이 배열되어 있다고 전제하고 관람 구역의 가장 자리에 앉아 있는 관객을 선정하는 학자들이 있다.

2) 편의표집(Convenience Sampling)

편의표집 방법은 단순무선 표집방법의 실행이 어려워서 그 대안으로 연구

자가 임의대로 표본을 선정하는 방법이다. 그 예로 다양한 전공의 학생들이 모이는 학생회관에서 대학생을 선정하는 것을 들 수 있다.

3) 판단표집(Judgement Sampling) 또는 목적표집(Purposive Sampling)

연구자가 특정 목적을 가지고 의도적으로 표본을 추출하는 방법으로, 스포츠경영학과에 적합한 교육과정을 알아보기 위해 여러 스포츠경영학 전공 교수를 표본으로 선정하는 것을 예로 들 수 있다.

10-2. 일반 조사방법

스포츠마케팅 분야에서 가장 보편적으로 수행되는 조사방법은 대인면접, 질문지, 및 표적집단 면접이다. 이들의 일부 장단점은 아래와 같다.

1) 대인면접(Interview)

① **장점** : 응답자에 따라 다른 질문을 할 수 있는 융통성이 높다. 또한 응답자가 이해하지 못하는 질문에 대해 연구자가 설명을 할 수 있을 뿐만 아니라 응답자의 정확한 의도까지 알아낼 수 있어서 신뢰성이 높은 응답을 얻을 수 있다.

② **단점** : 대상자를 개별적으로 만나고 면담내용을 정리하는데 있어서 많은 시간이 소요된다. 또한 면접자의 기술과 편견개입에 따라 성패가 좌우될 수 있으며, 민감한 질문에 대한 응답은 얻어내기 어렵고 응답을 표준화해서 비교하기가 어렵다.

2) 표적집단 면접(Focus Group Interview; FGI)

소수 인원으로 구성한 집단에게 특정 주제에 대해 자유롭게 토론하도록 하여 필요한 정보를 찾고자 하는 방법이다.

표적집단 면접의 진행방법[17)]

1. 연구대상을 대표할 수 있는 사람들을 개인적으로 초대한다.
2. 대상자가 미 참석할 경우가 있으므로 표적 수(보통 6-10명)보다 더 많이 초대한다.
3. 토의주제를 면접 전에 공지하여 역할과 책임을 기억하게 하고 미리 생각하게 한다.
4. 서로 편안하게 대화할 수 있도록 원형으로 앉게 한다.
5. 하나의 주제에 대한 토론이 충분히 이루어졌을 때, 다음 주제로 연결시키고 일반적인 주제에서 구체적인 주제로 접근한다,
6. 진행자는 이야기를 많이 하지 않고 참여자의 의견을 비판하지 않는다.
7. 토론 내용이 조사내용과 다른 방향으로 진행되면 바로 잡아준다.
8. 면접을 1시간 반으로 제한한다.
9. 다과, 음료수, 사례비나 선물을 준비한다.
10. 표집대상이 모집단을 대표하는가에 대한 확신이 없을 경우, 위에서 언급한 방법으로 또 하나의 표적집단을 면접한 후 결과를 비교해서 유사성을 찾는다.

① **장점** : 대규모 조사를 실시하기에 앞서 소비자의 태도나 행동을 이해하도록 하여 질문지의 내용구성에 도움을 준다. 또한 참가자는 타인의 의견 발표에 자극을 받아 더 많은 의견을 발표할 수 있으며, 그 발표는 자발적이어서 타당성이 높다. 아울러 표적집단 면접은 짧은 시간 안에 실시될 수 있고 비용이 적게 든다.

② **단점** : 진행자의 능력에 의해 결과가 영향을 받을 수 있으며, 소수 인원을 토대로 실시하기 때문에 결과를 일반화하는데 주의가 요구된다.

3) 질문지(Questionnaire)

① **장점** : 적은 시간 동안 많은 사람들로부터 응답 자료를 얻을 수 있어서 비용이 저렴하다. 또한 익명성을 보장하기 때문에 응답자로 하여금 민감한 질문을 솔직하게 응답하도록 한다. 아울러 모든 응답자에게 동

---

17) 절대적인 방법이 아닙니다.

일한 형식으로 질문을 함으로써 측정의 오차를 최소화할 수 있으며, 응답결과의 통계처리와 비교가 용이하다.

② **단점** : 응답자가 질문을 이해하지 못할 경우, 이해시킬 수 없으며, 응답자가 성의 없게 응답할 수 있고, 우편조사는 응답률이 낮다.

질문지 문항 구성시 유의할 점[18)]

1) 표적집단 면접을 통해 질문지의 일부 구성내용을 파악할 수 있다.

2) 응답자가 서로 다르게 해석할 수 있는 용어의 사용을 피한다.
예시) "당신은 프로스포츠를 자주 관람합니까?"에서 "자주"

3) 빈도, 양, 금액에 대해서는 평균 수치를 질문한다.
예시) 당신은 운동을 평균적으로 일주일에 몇 회 하십니까?

4) 질문과 응답은 간단명료하게 한다.
예시) 스포츠센터의 청결에 대해 어떻게 생각합니까?
① 매우 불결하다 ② 불결하다 ③ 보통이다 ④ 깨끗하다 ⑤ 매우 깨끗하다
⇒ 스포츠센터의 청결 정도는? ← O
① 매우 불결 ② 불결 ③ 보통 ④ 깨끗 ⑤ 매우 깨끗

5) 문항 간 한 줄을 띄어준다.
예시) 1. 당신의 성별은?
① 남 ② 여

2. 당신의 연령은?
① 10대 ② 20대 ③ 30대 ④ 40대

18) 완성된 리스트가 아닙니다.

⇒ 1. 당신의 성별은?

① 남 ② 여

⇒ 2. 당신의 연령은?

① 10대 ② 20대 ③ 30대 ④ 40대

6) 모든 응답을 기입하도록 주의한다.

예시) 당신의 월 평균 레저 소비금액은?

① 20만원 ② 30만원 ③ 40만원 ④ 50만원

⇒ ① 20만원미만 ② 20~30만원미만 ③ 30~40만원미만 ④ 40만원이상

7) 응답이 2개 이상 있지 않도록 주의한다.

예시) 당신의 월 평균 레저 소비금액은?

① 20만원이하 ② 30만원이하 ③ 40만원이하 ④ 40만원이상

① 20만원이하 ② 20만원-30만원 ③ 30만원-40만원 ④ 40만원이상

⇒ ① 20만원미만 ② 20~30만원미만 ③ 30~40만원미만 ④ 40만원이상

8) 한 문항에 두 가지 항목에 대해 질문하는 것을 피한다.

예시) 강사의 지도방법과 태도에 대한 만족도는?

⇒ 강사의 지도방법에 대한 만족도는?

강사의 태도에 대한 만족도는?

9) 응답을 서술하도록 하지 말고 예상되는 응답을 각각 기입한 후 그 중에서 해당하는 것을 선택하도록 한다. 또한 '기타( )'라는 응답을 추가하여 예상하지 못하는 답을 서술하도록 한다.

예시) 프로그램의 무엇을 우선적으로 개선해야 한다고 생각합니까?

① 다양성 ② 내용 ③ 지도자 ④ 기타( )

10) 가능할 경우, 공간활용 측면에서 유사한 척도를 이용하는 것이 효율적이다.

예시) 센터의 가입비는?

① 매우 비쌈 ② 비쌈 ③ 보통 ④ 저렴 ⑤ 매우 저렴

시설의 청결 정도는?

① 매우 불결 ② 불결 ③ 보통 ④ 깨끗 ⑤ 매우 깨끗

지도자의 친절 정도는?

① 매우 불친절 ② 불친절 ③ 보통 ④ 친절 ⑤ 매우 친절

⇒	매우 그렇지 않다	그렇지 않다	보통	그렇다	매우 그렇다
가입비가 저렴하다	1	2	3	4	5
시설이 청결하다	1	2	3	4	5
지도자가 친절하다	1	2	3	4	5

11) 응답이 긍정적일수록 응답의 평균값이 높게 나타나는 것이 바람직하다.

예시 1) 시설에 대한 만족도는?

① 매우 만족 ② 만족 ③ 보통 ④ 불만족 ⑤ 매우 불만족

⇒ ① 매우 불만족 ② 불만족 ③ 보통 ④ 만족 ⑤ 매우 만족

예시 2)	매우 그렇지 않다	그렇지 않다	보통	그렇다	매우 그렇다
가입비가 저렴하다	1	2	3	4	5
<u>시설이 청결하지 않다</u>	1	2	3	4	5
지도자가 친절하다	1	2	3	4	5

⇒	매우 그렇지 않다	그렇지 않다	보통	그렇다	매우 그렇다
가입비가 저렴하다	1	2	3	4	5
<u>시설이 청결하다</u>	1	2	3	4	5
지도자가 친절하다	1	2	3	4	5

12) 문항을 명확하게 이해할 수 있는가를 확인하기위해 몇몇 대상에게 검토받는다.

4) 관찰법(Observation)

관찰법은 통제/비통제된 환경에서 참여자가 참여, 비참여 혹은 준참여 하면서 특정 사건이나 사람의 행동을 관찰하여 자료를 수집하는 방법이다.

① **장점** : 면접대상과 달리 관찰대상의 능력(예, 시각, 구두표현력, 언어능력 등)이 결과에 미치는 영향은 제한적이다.

② **단점** : 관찰하고자 하는 행동이 현장에서 일어날 때까지 기다려야 하며, 여러 사람의 행동을 관찰해야 하므로 많은 시간이 소요될 수 있다. 또한 관찰행동의 빈도나 특수성을 알 수가 없으며, 관찰자에 의해 관찰대상의 행동이 영향을 받을 수 있고, 관찰자에 따라 동일한 현상에 다양한 의미가 부여될 수 있으므로 관찰자의 편견이 개입되기 쉽다. 아울러 자료는 통계처리가 어려우며 제한된 인원만이 관찰될 수 있어서 결과의 일반화에 주의가 요구된다.

5) 실험법(Experimentation)

실험법은 다른 조건을 통제했을 때 하나의 변수가 다른 변수에 어떠한 영향을 미치는지를 알아보는 방법이다.

① **장점** : 인과관계를 알 수 있다.

② **단점** : 완전한 통제가 가능한 실험실에서 이루어지는 자연과학 분야의 실험과 달리 스포츠마케팅 분야의 실험은 시장에서 이루어지기 때문에 정밀성이 떨어진다.

실험법의 예로는 시험마케팅(Test Marketing)을 들 수 있다. 이는 신제품이나 새로운 마케팅 프로그램을 전체가 아닌 일부 시장에 실제로 도입하여 소비자의 반응과 계획실행에 있어서 나타나는 문제점을 알아보는 과정이다. 비록 시간과 비용이 많이 들고 시험기간 동안 경쟁사들에게 대처할 수 있는 기회를 제공하지만 시험마케팅은 신제품이나 마케팅 프로그램의 실패로 인해 발생할 수 있는 막대한 손실을 방지할 수 있다[19]. 또한 방법은 특정 도시를 선정하고 소비자반응을 조사하는 표준 시험마케팅과 가상 점포를 설치하고 그 상점 내에 신제품 및 경쟁 제품을 진열한 후 소비자의 반응을 조사하는 모의시험마케팅을 포함한다.

6) 문서(문헌) 연구법(Document Study)

문서(문헌) 연구법은 연구주제에 대한 정보를 포함하고 있는 기존 자료(=2차 자료)에서 자료를 수집하는 방법이다.

① **장점** : 여러 출처로부터 양질의 자료를 얻을 수 있으며, 비용이 적게 든다.

② **단점** : 미수집 또는 입수가 어려운 자료들이 있으며, 자료들이 표준화되지 않을 수 있다.

7) 기타 자료수집 방법

위에서 언급한 6가지 연구방법 이외에도 자료수집이 가능한 방법들이 있다. 이들 방법들은 다음 11장에서 소개되고 있다.

---

19) 제품의 개발 및 시장도입 비용이 적은 경우에는 시험을 거치지 않고 바로 출시할 수 있다.

11 기타 정보수집 방법

11-1. 고객명단과 연락수단

1) 정보수집의 필요성

제품에 관심을 가지고 있는 소비자에게 촉진활동을 수행해야 효과가 높으나 누가 관심을 가지고 있고 누가 관심이 없는지를 구분하기 어려운 경우가 있다. 그럴 경우 제품에 대해 관심이 어느 정도 있는 현 제품 구매자를 대상으로 촉진활동을 수행하는 것이 바람직하다.

예를 들어, A라는 소비자가 작년에 B 스키장에서 스키를 탔다고 하자. A는 올해에도 스키를 탈 가능성이 있다고 볼 수 있다. 만약 작년에 이 A의 이름, 이메일 주소, 핸드폰 번호를 확보했더라면 과거 방문에 대한 감사를 표하며 올해 다시 찾아올 것을 당부하고 그 방문을 유도하기 위해 할인권을 제공해 줄 수 있다.

2) 정보수집 방법

다음은 고객의 명단, 핸드폰 번호, 이메일 주소를 확보할 수 있는 몇 가지 방법이다. 기업에 따라 방법의 적합성은 다르며, 여러 방법을 동시에 이용하여 필요한 정보를 확보한 후, 이들 정보들을 통합할 수 있다.

(1) 방명록

회원과 함께 방문하는 비회원으로 하여금 방명록에 정보를 기입하도록 한다.

(2) 수표

수표 뒤에 기입한 이름과 핸드폰 번호를 먼저 데이터베이스화 시킨 후 은행에 입금시킨다.

(3) 발신번호

문의하는 사람의 발신번호를 기록한다.

(4) 추첨행사

추첨행사에 응모하는 고객으로 하여금 정보를 기입하도록 하거나 명함을 제공하도록 한다.

(5) T money 게이트 시스템

SK 와이번스는 T money 게이트 시스템으로 결제한 고객의 개인정보를 알 수 있다.

(6) 회원가입

웹사이트에서 회원으로 가입하도록 하거나 현장에서 회원가입 신청서를 작성하도록 한다.

(7) 인터넷주문

제품주문 시 필요한 정보를 제공하도록 한다.

(8) 퀴즈이벤트

정답을 문자로 보내도록 한다.

(9) 응원문자

전광판에 나타날 응원문자를 스포츠경기의 관중으로 하여금 이름과 함께 보내도록 한다.

(10) 선물증정

단순히 정보를 기입하는 것만으로 작은 선물을 증정한다.

앞에서 언급한 방명록, 발신자 표시 전화기, 추첨함, T-money 게이트 시스템, 웹사이트 등이 마케팅정보시스템의 설비에 속한다.

11-2. 구매빈도

1) 정보수집의 필요성

(1) '20~80% 법칙'이 존재한다. 이는 20%의 소비자가 80%의 판매량에 기여한다는 것을 의미한다. 다시 말해서 제품은 많은 사람이 구매해서 많이 팔리는 것이 아니라 소수의 인원이 자주 구매해서 많이 팔리는 것이다. 비록 제품에 따라 실제 비율은 20~80%가 아닌 25~75% 혹은 30~70%로 다를 수 있으나 소수의 인원이 매출에 크게 기여하는 현상은 일관적으로 나타난다. 따라서 구매빈도가 높은 고객을 파악하고 표적하는 것은 매우 중요하다.

(2) 앞에서 촉진활동은 제품에 대해 관심이 있는 사람을 대상으로 수행될 때 효과적이라고 하였는데 제품을 자주 구매하는 고객의 제품에 대한 관심도는 높다고 볼 수 있다.

(3) 구매빈도가 높은 고객이 주요 고객임을 확인해 주고 적절하게 관리해

준다면 만족도뿐만 아니라 충성도를 증대시킬 수 있다. 스포츠센터의 경우, 매 방문 현금거래가 이루어지는 것은 아니지만 회원의 월 평균 방문횟수에 대한 관리는 중요하다. 방문횟수가 높은 회원은 회원기간 만료 시 재가입할 가능성이 높은 고객으로 관리가 필요한 반면, 방문횟수가 낮은 회원은 적절한 대응으로 탈퇴를 방지할 수 있기 때문이다.

2) 정보수집 방법

(1) 마일리지 또는 적립 시스템

마일리지(적립) 시스템은 기업이 정한 구매빈도를 초과 또는 구매액에 상이하는 고객에게 특별한 혜택을 제공하는 것이다. 구매빈도는 고객 스스로 스티커나 도장을 이용하여 관리할 수 있고 구매액은 기업이 회원 확인을 통해 관리할 수도 있다.

❖ 예시 1 : 미국의 Cardinals 메이저 리그 야구구단은 관람자가 경기장을 입장할 때마다 회원증을 스캔하여 포인트를 적립해 주고 있으며, 누적 포인트의 크기에 상이 하는 각종 혜택을 제공하고 있다.

❖ 예시 2 : 동부 프로농구구단은 홈경기를 빠짐없이 관람하여 얻은 출석 스티커를 마일리지 쿠폰에 붙여서 응모함에 넣도록 한 후 응모자 가운데 6명을 추첨을 통해 선발하여 동부선수와 치어리더 각각 4명과 함께 4박 5일 괌 여행을 무료로 즐길 수 있도록 한다.

(2) 응모권이나 참가신청서를 이용한 질문조사

각종 행사에 참여하기 위해 고객은 이름과 연락수단을 제공해야 한다. 행사를 진행하는 프로스포츠 구단의 경우, 응모권이나 참가신청서에 “한 시즌에 구단의 경기를 평균 몇 회 관람하십니까?"와 같은 문항을 추가할 수 있다.

(3) 출석부

한 수영강사는 자신의 새벽 강습시간에 출석을 불렀으며, 월 몇 회 이상 나온 강습생에게 작은 선물을 증정하였다. 이는 강습생으로 하여금 수업에 더 열심히 참석하도록 하는 데에 효과가 있었다고 한다.

유의할 점

인원감소로 인해 업무수행이 편해지기 때문에 강사는 수업에 불참하는 강습생에게 신경을 쓰지 않는 경향이 있다. 그러나 강습생으로 하여금 자주 나오도록 격려하는 것은 중요하다. 자주 나오는 강습생은 그만큼 더 큰 효과를 볼 수 있을 것이며 이러한 효과는 재가입을 유도하는 동기가 되기 때문이다.

12 소비자만족과 이윤창출의 관계

스포츠마케팅의 목표를 이윤창출로 생각하는 사람들이 있으나 실제로 기업의 목표가 이윤창출이고 스포츠마케팅의 목표는 소비자의 욕구충족을 통해 구매를 유도하여 기업의 이윤창출에 기여하는 것이다.

12-1. 소비자만족의 정의

만족이란 소비자가 기대하였던 수준의 서비스 혹은 그 이상의 서비스를 받았을 때 느끼는 긍정적 심리 상태를 의미한다. 제품에 대한 소비자의 기대수준에는 구전[20], 과거 경험, 광고, 포장, 가격, 브랜드이미지 등이 영향을 미치며, 기대수준의 제공은 만족을 가져다주고 기대 이상 수준의 제공은 감동까지 가져다준다.

12-2. 소비자만족에 따른 이점

1) 기존 소비자의 제품 재구매

2) 기존 소비자의 제품 추천과 이로 인한 새로운 고객의 유치

아는 사람이 실제 경험에 의해 추천하는 제품은 신뢰가 가기 때문에 일반 제품광고보다 새로운 고객을 유치하는 데 있어서 더 효과적이다. 참고로 미국의 한 연구에서는 한 명의 소비자의 긍정적 구전으로 인해 3.33명의 새로운 고객까지 유치할 수 있다는 결과를 보고하였다.[21]

3) 촉진비용의 감소

긍정적인 구전은 촉진효과가 높은 반면 비용이 들지 않는다. 반면에, 신규 고객을 유치하려는 일반 촉진활동의 비용은 5배 더 크다[22].

관계마케팅(Relationship Marketing)

신규고객 유치에 중점을 두는 마케팅의 한계가 인식되면서 오늘날, 마케팅은 고객과 기업 간의 일회적인 거래가 아닌 반복적인 거래관계를 중시하는, 즉 고객과의 장기적인 유대관계 구축을 목표로 하는 관계마케팅으로 전환하였다.

---

20) 구전이란 구두로 전해지는 말을 의미한다.

21) 양성국, 김수잔 역(1996). 스포츠마케팅. 서울: 대경사

22) Sonnenberg, F. K. (1989). Service quality: Forethought, not afterthought. Journal of Business Strategy, 10(5), 54-57.

4) 경쟁자보다 상대적으로 높은 가격의 책정

소비자는 더 커다란 만족을 줄 수 있는 제품을 구매하기 위해 기꺼이 더 높은 가격을 지불할 의사가 있다.

5) 수익의 증대

아래 함수에서 나타나는 바와 같이 소비자 만족은 기존 고객 유지와 신규 고객 유치로 인한 고객 수 증가 그리고 가격인상 및 촉진비용 감소를 통해 수익증대에 기여한다.

수익 = 매출 - 비용
= (고객 수)(가격) - 비용

13 서비스 품질

13-1. 서비스 품질의 정의

서비스 품질은 서비스의 우수성에 대해 소비자가 주관적으로 지각하는 수준을 의미하며, Bitner, Booms와 Tetreault(1990)[23]는 소비자의 서비스 품질에 대한 지각은 서비스 접점에서 이루어진다고 하여 소비자는 결과뿐만 아니라 제공과정을 토대로 서비스 품질을 평가한다고 강조하였다.

23) Bitner, M., Booms, B. H., & Tetreault, M. S. (1990). The service encounter: Diagnosing favorable and unfavorable incidents. Journal of Marketing, 54, 71-84.

서비스 접점(Service Encounter)

서비스가 제공되는 과정 동안 고객이 서비스 제공자와 직접 상호작용하는 시간을 의미한다.

13-2. 서비스 품질과 소비자만족와의 관계

특정 서비스의 품질이 우수하더라도 소비자가 기대했던 수준보다 낮으면 소비자는 만족하지 않는다. 반면에, 서비스의 품질이 낮다하더라도 소비자가 기대했던 수준보다 나으면 소비자는 만족한다. 어느 상황이든 간에 서비스 향상을 통해 품질에 대한 지각수준을 높인다면 소비자의 기존의 불만족을 감소시키거나 기존의 만족을 극대화 할 수 있다.

13-3. 서비스 품질을 위한 차별화의 중요성

차별화는 자사제품을 경쟁 제품과 구별시키는 활동을 의미한다. 서비스의 경우, 경쟁자가 제공하지 않는 서비스를 제공하는 '서비스 항목에 의한 차별화'보다 유사한 서비스를 경쟁자보다 더 우월하게 제공하는 '서비스 품질에 의한 차별화'를 더 추구해야 한다. 그 이유는 일반 서비스는 쉽게 모방될 수 있으나 우수한 서비스는 직원의 채용, 교육훈련, 동기부여 등 복합적인 노력에 의해 이루어지므로, 그 과정을 외부인이 쉽게 관찰할 수 없고 모방하기 어렵기 때문이다.

13-4. 서비스 품질 평가 요소

서비스 품질은 다차원적인 개념으로 인식되어 왔으며, 학자들에 의해 그 구성요소는 다르게 제시되어 왔다. 그 예로 Lehtinen과 Lehtinen(1982)은 서비스 품질을 서비스제공 과정에서의 참여를 평가하는 '과정품질(Process Quality)'과 서비스제공 과정의 결과를 평가하는 '산출품질(Output Quality)'로 구분하였으며[24], Gronroos(1983)는 서비스 품질을 크게 어떤 서비스가 제공되었느냐를 의미하는 '기술적 품질(Technical Quality)'과 서비스가 어떻게 제공되었느냐를 의미하는 '기능적 품질(Functional Quality)'로 구분하였다[25].

서비스 품질의 차원을 보다 세부적으로 구분하려는 시도도 있었는데 Parasurman, Zeithaml과 Berry(1985)는 일반적으로 서비스 품질을 아래의 10 가지 요인으로 평가할 수 있다고 제시하였다[26].

① 유형성	⑥ 신뢰성
② 약속이행	⑦ 안전성
③ 대응성	⑧ 접근성
④ 직무수행능력	⑨ 커뮤니케이션
⑤ 친절성	⑩ 고객이해

이후 Parasuraman, Zeithaml과 Berry(1988)는 위의 10가지 요인을 유형성, 신뢰성, 대응성, 확신성, 공감성의 5가지 요인으로 축소시켰다[27]. 그러나 Cronin과 Taylor(1992)는 제공자의 서비스유형에 따라 그 서비스 품질을 평가하는 요소가 다르다고 주장하였으며[28], 여러 실증적 연구가 이 주장을 뒷

---

24) Lehtinen, U., & Lehtinen, J. (1982). Service quality: A study of quality dimensions. Unpublished working paper, Helsinki, Finland: Service Management Group.

25) Gronroos, C.(1983). Strategic management and marketing in the service sector. Report No. 83-104, Cambridge, MA: Marketing Science Institute.

26) Parasuraman, A., Zeithaml, V. A., & Berry, L. L. (1985). A conceptual model of service quality and its implications for future research. Journal of Marketing, 41-50.

27) Parasuraman, A., Zeithaml, V. A., & Berry, L. L. (1988). Servqual: A multiple-item scale for measuring consumer perceptions of service quality. Journal of Retailing, 64, 12-37.

받침해 주고 있다(Carman, 1990)[29]. 따라서 서비스유형에 따른 개별적인 품질측정도구가 개발되고 있다.

13-5. 서비스 품질 저하 요소

1) 격차이론

서비스를 향상시키는 방법 중 하나는 불만족을 발생시키는 원인을 이해하고 해결하는 것이다. 이와 같은 불만족 발생원인을 Parasuraman, Zeithaml과 Berry(1985)는 격차이론(Gap Theory)을 통해서 설명하였다. 격차이론은 다섯 가지 격차를 제시하고 있으며, 그 중 하나는 소비자 불만족의 핵심인 '소비자의 기대서비스와 지각서비스간의 차이'이다. 이 격차는 나머지 네 가지 격차 중 어느 한 가지 격차라도 존재하면 발생한다고 한다.

이들 다섯 가지 격차는 다음과 같다.

① 격차 1 : 소비자의 욕구와 그 욕구에 대한 경영자의 인식간의 차이로써 경영자는 소비자가 무엇을 원하는지를 정확하게 알지 못한다는 것을 의미한다.

② 격차 2 : 경영자가 소비자의 욕구를 정확하게 파악하였지만 그 욕구를 충족시키기 위한 접근방법이 부족한 것을 의미한다.

③ 격차 3 : 경영자가 기획한 서비스와 실천한 서비스간의 차이로 경영자는 소비자의 욕구충족 방법을 제대로 기획하였으나 그 실천을 제대로 하지 못한 것을 의미한다.

④ 격차 4 : 경영자가 실천한 서비스와 소비자가 지각한 서비스간의 차이

---

28) Cronin, J. J., & Taylor, S. A. (1992). Measuring service quality: A reexamination and extension. Journal of Marketing, 56, 55-68.

29) C. M. (1990). Consumer perceptions of service quality: An assessment of the SERVQUAL dimensions. Journal of Retailing, 66, 33-55.

로 경영자는 기획을 제대로 실천하였지만 소비자들이 서비스 제공수준을 제대로 인식하지 못하는 것을 의미한다.

⑤ 격차 5 : 소비자가 기대한 서비스와 지각한 서비스간의 차이를 의미한다.

2) 격차이론의 확대

Zeithaml, Parasuraman과 Berry(1990)[30]는 격차이론을 확대시켜서 각각의 격차에 기여하는 문제들을 구체화하였다. 스포츠마케팅 관리자는 저자들이 응용한 아래의 문제점들을 해결함으로써 서비스향상에 기여할 수 있을 것이다.

(1) 격차 1 : 실제 소비자 욕구 ≠ 경영자가 인식하는 소비자 욕구

① 경영자와 소비자 간의 대화가 부족하다

소비자와 자주 대화를 나누는 경영자는 소비자의 욕구와 불만을 잘 이해할 것이다.

② 소비자를 대면하는 구성원과 경영자간의 대화가 부족하다

소비자와의 대화가 어려울 경우, 상사는 소비자와 접촉을 많이 하는 직원을 통해 소비자를 이해해야 한다. 그러므로 상사는 해당 직원에게 정보를 요구하고 자신을 쉽게 만날 수 있도록 해야 한다.

③ 소비자에 대한 조사가 부족하다

경영자는 소비자의 욕구에 대해 조사하지 않아도 그것에 대해 이미 잘 안다고 생각하는 경우가 많다. 그러나 연구에 의하면 소비자들이 원하는 것과 경영자가 생각하기에 소비자들이 원하는 것에는 차이가 있으

30) Zeitham, V. A., Parasuraman, A., & Berry, L. L. (1990). Delivering quality service. New York: The Free Press.

며, 그 차이는 양자의 항목과 각각의 항목에 부여하는 중요도에 있다고 한다.

④ 마케팅조사 접근방법에 문제가 있다

질문지 조사를 실시할 경우, 표본추출, 표본크기, 질문지 구성내용, 통계처리 및 해석 등에 관하여 결정해야 하는데 이들에 대한 결정이 적절하지 않다면 신뢰성과 타당성이 떨어지는 자료를 얻게 될 것이다.

(2) 격차 2 : 소비자 욕구 ≠ 서비스의 명세화

① 소비자 욕구에 대한 정의가 부족하다.

예를 들어, 대부분의 소비자는 친절성을 요구하는데 개인(소비자와 서비스제공자)에 따라 친절성을 판단하는 행동의 기준이 다를 수 있다. 그러므로 경영자는 친절성이라는 소비자 욕구를 인식하고 단순히 직원들에게 소비자에게 친절하게 대하라고 요구하면 안 된다. 경영자는 더 나아가 소비자가 원하는 구체적인 행동을 규명하고 그 행동을 구성원에게 명확하게 인지시켜야 한다.

② 목표가 제대로 설정되어 있지 않다

목표는 아래와 같이 스마트(SMART)하게 설정해야 한다.

Specific - 구체적으로

Measurable - 측정(입증)가능하도록

Attainable - 달성 가능하도록

Relevant - 장기목표의 달성에 지향하도록

Time bound - 달성기간을 제시하도록

예를 들어, 신속성에 대한 목표설정 시 특정 서비스의 시작부터 종료까지 마감시각(예, 몇 분, 시간 또는 일)을 제시해야 한다.

③ 목표달성에 기여하는 작업이 표준화되어 있지 않다[31]

3) 격차 3 : 서비스의 명세화 ≠ 서비스의 실천

소비자의 욕구를 충족시킬 수 있는 방법을 정확하게 채택하였으나 직원들이 그 계획을 제대로 실천하지 못한 경우를 의미한다.

① 최고 경영관리 층에서 서비스 향상을 강조하지 않는다.
상사가 서비스 향상을 강조하면 이하 구성원들은 그것을 위해 노력할 것이며, 필요로 하는 지원을 받을 수 있을 것이다.

② 구성원은 자신에게 요구되는 내용을 명확하게 알지 못한다.
직원에게 요구되는 행동, 태도 및 외모에 대한 교육과 함께 지침서를 제공해야 한다.

③ 구성원의 자질이 직무를 수행하는데 있어 부족하다
예를 들어 스포츠지도자는 기술, 지식, 단정한 용모, 인내심, 융통성, 판단력, 관찰력, 대인기술, 고객과의 공감대 등의 요건을 갖추어야 하며, 해당 스포츠조직은 이와 같은 요건을 갖춘 지도자를 선발해야 한다.

④ 직원의 효율적인 직무수행을 위한 교육훈련이 부족하다.

⑤ 서비스제공 과정에서 사용하는 설비에 문제가 있다.
우수 품질의 설비 구축과 지속적인 관리가 중요하다.

---

31) 표준화의 필요성과 방법에 대한 설명 → 79쪽

⑥ 직원이 부족하다

수요와 공급의 균형이 중요하다. 인력이 부족한 시간대에는 최소한의 시간제 아르바이트생을 고용해야 한다.

⑦ **특별한 상황에 대처할 수 있는 권한을 구성원에게 주지 않는다.**

고객의 특별한 요청이나 불평에 신속하게 대응하는 것은 매우 중요하다. 따라서 일정한 예산범위 내에서 해결할 수 있는 문제는 요청이나 불평을 들을 직원으로 하여금 스스로 해결할 수 있도록 의사결정권을 주는 것이 좋다.

⑧ **업적 평가가 적합하지 않다.**

종업원의 높은 수준의 서비스 제공은 업적평가에 반영되어야 한다.

⑨ **보상제도가 적합하지 못하다**

높은 수준의 서비스를 제공했음에도 불구하고 이에 따른 외적인 보상(예, 보너스, 승진기회, 칭찬, 표창 등)이 없다면, 구성원은 지속적으로 그 수준을 유지하거나 향상시키려고 노력하지 않을 수 있다.

⑩ **직원의 직무만족을 중요시 하지 않는다.**

구성원의 직무만족은 직무성과에 기여하기 때문에 고객뿐만 아니라 구성원의 만족에도 관심을 기울어야 한다.

4) 격차 4 : 서비스의 실천 ≠ 지각된 서비스

실제로 제공되는 서비스 수준을 소비자가 제대로 지각하지 않을 수 있음을 의미한다.

① **과대광고를 한다.**

소비자로 하여금 지나치게 많은 것을 기대하게 하여 추후에 불만을 느끼게 한다.

② **소비자가 쉽게 인지하지 못하는 노력에 대해서 알리지 않는다.**
서비스에 아무 변화가 없어도 그 서비스에 대한 고객의 인식이 바뀌었을 경우, 서비스의 품질에 대한 평가도 바뀔 수 있다. 예를 들어, 어떤 스포츠센터는 서비스 품질향상을 위한 직원 회의를 정기적으로 가지고 있음을 공지하였다. 이를 통해 부족한 서비스에 대한 개선의지가 있다는 메시지를 전달함으로써 고객의 불만족을 감소시킬 수 있었다.

③ **소비자에게 서비스이용에 관한 교육을 제공하지 않는다.**
직원과 더불어 소비자를 대상으로 서비스교육을 실시할 수 있다. 예를 들어, 바쁜 시간에 와서 대기해야 하는 불편을 느끼는 고객에게 상대적으로 덜 바쁜 시간대(시간 및 요일)를 알려주는 것도 일종의 교육이라 할 수 있다.

④ **소비자에게 서비스 문제에 대해 설명하지 않는다.**
특별한 이유 때문에 소비자에게 불편을 끼쳐야 할 경우, 그 이유를 이해시키는 것이 바람직하다.

> 유형적 제품은 시간과 비용이 요구되는 연구개발을 통해 크기, 무게, 디자인, 기능, 이용용이성, 신속성, 지구성 등과 같은 요소가 향상되지만, 서비스는 말 한마디로 즉시 그 품질수준이 더 높게 인지될 수 있다.

13-6. 서비스 품질과 상호적 경영관리의 중요성

앞에서 언급한 서비스문제들을 자세히 살펴보면, 서비스 품질은 인사관리 및 시설관리에 의해서도 영향을 받는다. 따라서 마케팅 관리자에게는 여러 경영관리 분야의 상호적 관계에 대한 이해가 필요하다.

14 서비스의 특성에 따른 전술

스포츠용품을 제외한 대부분의 스포츠제품은 무형적 서비스이다. 무형적 서비스는 그 특성이 당연히 유형적 제품의 특성과 다르며, 그 특성의 차이 때문에 요구되는 마케팅 활동에도 차이가 있다. 다음은 서비스의 4가지 특성에 따른 마케팅 활동을 기술하고 있다.

14-1. 무형성(Intangibility)

1) 의미

서비스는 실체가 없다. 그래서 서비스는 경험해 보지 않고서 그 품질을 평가할 수 없다. 예를 들어, 스포츠강습을 받기 전에는 강사의 태도, 지도방법, 설명력 등을 알 수가 없으며, 스포츠경기가 시작되기 전에는 경기의 흥미정도와 결과 등을 알 수가 없다.

2) 대처 활동

(1) 긍정적인 구전을 유도한다.

서비스는 소비 전에 그 품질이 평가될 수 없기 때문에 잠재적 고객은 과거 소비자의 서비스 품질에 대한 평가에 주의를 기울일 것이다.

① 서비스 향상으로 인한 고객만족 증대가 긍정적인 구전을 유도할 것이다.

② 현 고객의 추천으로 인해 신규 고객이 발생할 경우 해당 추천자에게 1회의 성공사례가 있음을 기록하고 전체 성공사례가 몇 회 이상을 초과하면 특별한 혜택을 제공한다. 이는 신규고객에게 추천자를 직접 확인

하는 방법으로 접근하면 된다.

(2) 적합한 종업원을 선발하고 올바른 직무수행을 위한 교육훈련을 실시한다.

잠재적 고객은 소비 전의 상담과정에서 종업원의 행동이나 태도로부터 제공될 서비스의 품질을 추론한다.

(3) 물질적 단서를 제공한다.

잠재적 고객은 소비 전에 시설의 규모, 청결과 분위기, 종업원의 유니폼, 그리고 기구의 최신성 등으로부터 제공될 서비스의 품질을 추론한다.

(4) 서비스를 유형화 한다.

서비스를 유형화 할 수 있는 방법은 다음과 같다.

❖ 인지시킨다.

① 과거 활동을 보여주는 사진이나 동영상을 제공한다.

② 제품이 해결할 수 있는 문제를 기술한다. 예를 들어, 태권도 도장 운영자는 어린이가 태권도 수련을 통해 어떻게 신체적, 인격적, 정서적 그리고 사회적으로 발달할 수 있는가를 강조하고 있다.

❖ 체험하게 한다.

이는 소비자로 하여금 서비스를 직접적으로 또는 간접적으로 경험해보도록 하는 것을 의미한다.

① 잠재적 고객에게 서비스를 무료로 사용해보도록 한다.

예를 들어, 스포츠센터 신규회원에게 PT(Personal Training)의 서비스를 1~2회 무료로 체험하도록 한다.

② 회원과 함께 방문하는 비회원의 입장을 제한적으로 허용한다. 이들 비회원은 서비스에 대해 관심이 있다고 가정할 수 있기 때문이다.

❖ 신뢰하게 한다.

이는 서비스 제공자를 신뢰할 수 있도록 소비자에게 물리적 근거를 제공하는 것을 의미한다.

① 지도자의 졸업장, 자격증, 대회우승 트로피(메달) 등을 진열한다.
② 운동효과 또는 고객만족도에 대한 조사결과를 공개한다.
③ 고객의 서비스 평가점수 또는 후기를 공개한다.
④ 외향적 변화가 따를 경우 고객의 가입 전과 후의 모습을 보여준다.

❖ 느끼게 한다.

① "고객만족이 중요합니다"와 같은 캐치프레이즈를 사용한다.
종업원이 불친절하면 고객은 종업원을 제대로 교육시키지 못했다고 기업을 탓하나 종업원이 친절하면 고객은 기업의 종업원 교육을 칭찬하기보다는 단순히 해당 종업원이 친절하다고 생각하는 경향이 있다. 따라서 위와 같은 캐치프레이즈는 종업원의 친절한 태도는 기업의 노력에 의한 것으로 생각하도록 하기 때문에 기업의 이미지 상승에 기여할 수 있다. 반면에, 위와 같은 캐치프레이즈를 사용하면서 불친절한 서비스를 제공한다면, 고객의 불만은 훨씬 더 커질 가능성이 높다.
② 오래된 약력과 전통을 강조하여 그동안 생존할 수 있었던 이유가 있었을 것이라는 점을 느끼게 한다.
③ 유명인이나 전문인으로 하여금 제품을 보증하도록 하여 제품에 대한 긍정적인 이미지를 형성한다.
④ 경영자의 비전, 가치관, 성격 등을 알게 한다.

⑤ 유형적 물질이나 동물과 비유한다. 예를 들어, '바위처럼 견고하고 안정적이다' … '개처럼 충성도가 높다'.

14-2. 이질성(Heterogeneity)

1) 의미

이는 어떤 사람 또는 어떤 상황에서 서비스를 제공하느냐에 따라 유사한 서비스의 품질이 달라질 수 있음을 의미한다. 예를 들어, 동일한 수영장에서 이루어지는 초보자 수영강습일지라도 강사가 누구이며 강습생이 몇 명인가에 따라 서비스 품질이 달라진다. 또한 동일한 프로축구 경기일지라도 날씨, 선수의 컨디션, 관중 수, 심판 오심, 결과 등에 따라 서비스 품질이 달라진다.

2) 대처 활동

마케터는 아래와 같은 방법으로 통제가능한 부분에 주의를 기울여 서비스가 일관성 있게 제공되도록 노력해야 한다.

(1) 작업의 표준화

서비스 품질에 대한 목표를 설정한 다음, 목표달성을 위한 최대 수행방법을 선정한다.

(2) 직원의 교육훈련

해당 직원에게 최대 수행방법을 인지시키고 바르게 수행하도록 훈련시킨다.

❖ 사례 1 : A 스포츠센터는 잠재적 고객에게 전체 시설을 구경시켜 줄 때 세부시설의 관람순서뿐만 아니라, 안내자가 전달할 언어까지 표준화 하여 최고의 인상을 주려고 한다.

❖ 사례 2 : 스포츠센터는 각각의 지도강사에 대해 회원들이 긍정적으로 생각하는 부분을 파악하고 그 정보를 전체 강사와 공유한다.

❖ 사례 3 : 많은 서비스 기업에게 특정한 상황발생에 대한 사전 대응방식(예, 매뉴얼)이 있다.

14-3. 생산과 소비의 동시성(Inseparability)

1) 의미

일반 물품은 생산 후 보관 및 이동이 가능하지만 대부분의 서비스는 생산되는 동시에 소비된다. 예를 들어, 수영강사가 지도하는 동시에 강습생은 지도를 받으며 프로선수가 경기에 플레이 하는 동시에 관중은 경기를 관람한다. 예외적으로는, 스포츠경기가 산업제품으로써 방송사에 의해 녹화와 편집을 통해 방송되어서 시청자에게 소비제품으로 제공되는 경우이다.

2) 대처 활동

(1) 우수 품질의 서비스를 제공한다.[32)]

일반 상품은 생산 후 검토과정을 통해 불량품이 발견되면 판매되지 않거나 판매 후 교환될 수 있으나 서비스는 그렇지 못하기 때문이다.

(2) 수요가 클 때 고객과의 접촉시간을 짧게 한다. 이는 보다 많은 고객을 상대하기 위함이며, 아래와 같은 방법이 있다.

① 시간과 동작 연구를 토대로 서비스제공 시간을 최대로 줄인다.

---

32) 서비스 품질의 수준은 70, 71쪽에 나타나는 서비스 문제들을 해결함으로써 높일 수 있다.

> **시간과 동작 연구의 절차**
> 서비스과정을 여러 작업단위로 나눈 후 단위별 소요시간을 측정한다. 그 다음 동시에 수행함으로써 혹은 순서를 바꾸거나 없앰으로써 전체 소요시간을 단축시킬 수 있는 작업 단위를 찾는다.

② 소비자의 능동적 참여(예, 셀프서비스, 질문지 응답)를 유도한다.

③ 소비자의 기기사용(예, 표 판매, 전화안내)을 유도한다.

14-4. 소멸성(Perishability)

1) 의미

유형적 제품은 생산, 보관 및 이동이 가능하므로 오늘 판매되지 않으면 다른 날에 판매할 수 있다. 이와 달리, 서비스는 그렇지 못하므로 수요가 공급에 비해 적으면 서비스기업은 잠재적 수익을 잃을 수 있다. 예를 들어, 종료한 스포츠경기의 입장권 판매는 불가능하며, 비록 오늘 대여하지 못한 스키장비는 내일 대여될 수 있을지라도 오늘의 장비대여로 인해 올릴 수 있었던 수익을 영원히 잃었다고 생각해야 한다. 반면, 수요가 공급에 비해 많으면 잠재적 고객은 혼잡성 때문에 경쟁업체로 이동하거나 상대적으로 긴 대기시간에 대해 불만을 가질 수 있다. 따라서 서비스기업은 수요와 공급이 균형을 이루도록 노력해야 한다.

2) 대처 전략

소멸성 때문에 요구되는 전략은 다음과 같이 크게 두 가지로 분류할 수 있다.

(1) 수요관리 : 수요를 올리거나 조절한다.

① 시간, 요일, 월 또는 계절에 따라 변화하는 수요에 따라 가격을 다르게 책정한다.

② 수요가 제한적인 시기에 새로운 수익사업을 개발한다.
예를 들어, 태권도 도장은 어린이와 청소년의 학교수업시간에 주부를 대상으로 치안대처방법을 지도하는 강좌를 개설한다거나 타인에 의해 요가수업이 개설될 수 있도록 태권도 도장을 대관해 줄 수 있다.

③ 예약 제도를 도입한다.

④ 수요의 일부를 확보하기 위해 시즌티켓 혹은 회원권을 판매한다.

⑤ 고객의 지불능력을 고려하여 가격을 다양하게 책정한다. 이는 가족할인을 제공하는 이유에 속한다.

(2) 공급관리 : 공급을 올리거나 조절한다.

① 고객이 몰리는 시간에 시간제 직원을 활용한다.

② 미래 성장에 대비하여 사전에 시설을 확보한다.

③ 필요시 담당자가 아닌 다른 직원으로 하여금 직무를 수행하도록 한다. 이는 가까이 일하는 동료의 일까지 수행할 수 있도록 직원에게 훈련(Cross Training)을 제공하는 것을 요구한다.

15 제품수명주기

15-1. 제품수명주기(Product Life Cycle; PLC)

사람이 세상에 태어나서 아동기, 청소년기, 청년기, 장년기, 노년기의 단계를 거쳐 마침내 그 수명을 다하는 것과 마찬가지로 제품 또한 시장에 출시되어서 도입기, 성장기, 성숙기[33], 쇠퇴기의 4가지 단계를 거쳐 시장에서 사라지게 된다. 이러한 단계들은 제품의수명주기를 나타낸다.

15-2. 판단기준

사람은 나이를 기준으로 어느 단계에 속하는지를 알 수 있으나 제품은 시장출시 이후 몇 년이 지났는지에 따라 판단되지 않는다. 오히려 제품의 판매량이나 수익을 토대로 어느 단계에 포함되는지를 구분한다.

15-3. 유형

그림과 같이 제품에 따라 유형과 각 단계의 길이에 차이가 있을 수 있다.

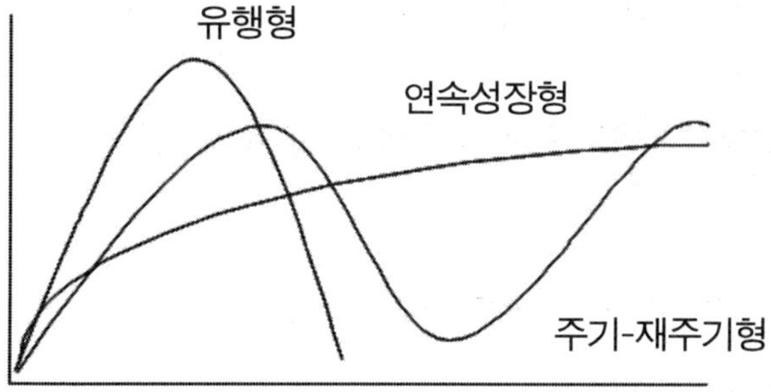

[33] 성숙기(Maturation)를 포화기(Saturation)라 하는 학자도 있음.

15-4. 수명 길이

제품은 짧게는 며칠부터 길게는 수백 년까지 수명을 유지할 수 있다.

15-5. 제품수명주기별 특징

1) 도입기(Introduction Stage)

제품 인지도가 낮아서 수요와 매출이 낮은 반면 생산원가가 높고 촉진비용이 높아서 이익이 없거나 적자이며, 경쟁자도 없거나 적다.

2) 성장기(Growth Stage)

인지도 상승에 따른 수요와 매출의 빠른 증대로 인해 이익이 발생하며 그 비율은 점점 높아지고 경쟁자가 등장한다.

3) 성숙기(Maturation Stage)

경쟁치열로 인해 성장이 느려지고 이익이 감소하기 시작하여 경쟁력이 없는 경쟁제품은 사라진다.

4) 쇠퇴기(Decline Stage)

소비자 욕구의 변화와 새로운 기술의 개발에 따른 대체제품의 등장으로 인해 수요와 이익이 급격히 감소하여 경쟁자들이 많이 사라진다.

15-6. 제품수명주기별 스포츠마케팅 목표와 전략

1) 도입기

(1) 스포츠마케팅 목표 : 인지도 증대와 사용 유도

(2) 스포츠마케팅 전략

① 제품 : 기본 형태의 제품을 생산한다.

② **가격** : 경쟁사와의 가격경쟁을 피할 수 있을 경우에는 상층 흡수 전략 또는 초기 고가 전략을 책정하고, 피할 수 없을 경우에는 시장침투 전략을 책정한다[34]

③ **촉진** : 광고를 통해 조기구매자와 중간상인에게 제품을 인지시키고 판매촉진을 통해 조기구매자의 제품사용과 중간상인의 제품 취급을 유도하며 구전효과에 의한 확산을 기대한다.

④ **장소** : 최소한의 취급상점을 확보한다.

2) 성장기

(1) 스포츠마케팅 목표 : 시장점유율 확대

(2) 스포츠마케팅 전략

① **제품** : 경쟁자는 모방제품뿐만 아니라 개선된 제품을 가지고 시장에 등장하기 때문에 기존 제품을 개선한 신제품을 출시한다.

② **가격** : 시설/설비의 확장이 요구되거나 경쟁이 없는 경우에는 보통 도입기의 가격으로 고정시키고, 치열한 경쟁과 경험곡선(경험누적으로 인한 생산성 증대)이 존재할 경우에는 가격을 인하하여 시장을 침투한다.

③ **촉진** : 판매촉진을 줄이고 광고를 늘리면서 조기구매자 다음에 나타내는 일반구매자에게 제품을 인지시키고 구전효과를 기대한다.

④ **장소** : 취급점포의 수를 확대한다.

---

[34] 각각의 가격전략 → 106, 107쪽

성장을 위한 전략[35)]

다음은 기업이 성장하기 위해 추구할 수 있는 4가지 전략이다.

① **시장침투 전략** : 기존 소비자로 하여금 기존 제품을 더 많이 구매하도록 하는 전략을 의미하며, 가격할인이나 적극적인 촉진활동으로 이루어진다.
'기존 소비자' 또는 '기존 시장'은 자사 제품을 구매하는 소비자뿐만 아니라 경쟁자의 유사제품을 구매하는 소비자다. 그리고 제품을 아직 구매하지는 않았지만 추후에 제품구매가 가능하다고 판단되는 잠재적 구매자들을 의미한다.

② **신제품 개발 전략** : 혁신제품, 모방제품, 확장제품 등의 신제품을 소개하여 기존 소비자의 구매를 유도하는 전략을 의미한다.

③ **신시장 개척 전략** : 기존 제품을 새로운 지역에 등장시키거나 기존 제품의 새로운 용도를 인지시켜서 새로운 소비자의 구매를 유도하는 전략이다. 예를 들어, 한국줄넘기협회는 줄넘기의 심폐기능 강화 효과에 추가적으로 어린이 성장발달 효과를 강조함으로써 참여 인구를 확대시켰다.

④ **다각화 전략** : 기존 제품과 관련이 있거나 전혀 없는 신제품을 가지고 새로운 소비자들을 표적하는 전략이다. 이에 대한 예로 태권도 도장에서 주부를 대상으로 오전에 호신술이나 태권도 에어로빅 프로그램을 새로 제공하는 것을 들 수 있다.

시장 \ 제품	기존 제품	신제품
기존 시장	시장침투 전략	신제품 개발 전략
신시장	신시장 개척 전략	다각화 전략

3) 성숙기(Maturation Stage)

(1) 스포츠마케팅 목표 : 경쟁우위 확보

(2) 스포츠마케팅 전략

① 제품 : 유사제품이 많으므로 제품을 다양화[36)]하고 차별화 하여 브랜드

35) 성장전략은 성장기뿐만 아니라 성숙기에도 실행이 가능하나 한계가 있으며 다각화를 제외한 성장전략의 예를 98쪽에 더 찾아 볼 수 있을 것이다.

36) 제품라인은 외형적인 특징만 다르고 기본적인 것이 같은 제품군을 의미한다. 예를 들어, 댄스스포츠, 에어로빅댄스와 벨리댄스는 댄스 라인을 구성하며, 탁구와 배드민턴은

를 강화한다.

② **가격** : 경쟁이 치열할 경우 저가격을 책정하나 수요의 탄력성이 낮은 경우에는 가격을 고정시킨다.

③ **촉진** : 광고를 통해 제품 간의 차이를 강조하고 브랜드전환(Brand Switching)을 유도하기 위한 판매촉진을 한다.

④ **장소** : 성장기 때 확대한 취급점포를 유지한다.

경쟁우위를 위한 전략

경쟁우위를 위한 전략은 아래와 같다.

① **원가절감 전략** : 경험을 토대로 제품생산에 들어가는 총 비용을 낮춰서 판매가격을 낮추는 전략이다.

② **차별화 전략** : 경쟁제품과는 다른 제품을 제공하는 전략이다.

③ **집중화 전략** : 특수 고객에게 집중하여 비용우위 혹은 차별화를 추구하는 전략이다.

4) 쇠퇴기(Decline Stage)

(1) 스포츠마케팅 목표 : 비용 감소

(2) 스포츠마케팅 전략

① **제품** : 경쟁력이 없는 제품을 단계적으로 철수한다.

② **가격** : 보편적으로 저가격을 유지하나 고객의 충성도가 높으면 고가격을 책정하는 경우가 있다.

③ **장소** : 우수한 취급점포만 유지한다.

④ **촉진** : 핵심고객의 유지를 위해 제품의 존재를 확인시켜 주는 최소한의 광고만 하고 판매촉진을 감소한다.

라켓 스포츠 라인을 구성하고 농구와 축구는 구기 종목 라인을 구성한다. 제품다양화는 기존의 제품라인과 구성 항목을 확대하는 것을 의미한다.

16 신제품 개발

16-1. 신제품의 정의

신제품은 소비자보다 기업입장[37]에서 시장에 새로 출시하였거나 출시하려고 고려하는 '기존과 다른 제품'이라 할 수 있다.

16-2. 신제품의 유형

1) 혁신제품

소비자뿐만 아니라 기업에게도 새로운 제품을 의미한다.

2) 모방제품

다른 기업에 의해 시장에 이미 출시된 제품을 기업이 모방해서 새로 출시하는 제품을 의미한다.

3) 확장제품

기존 제품의 수정, 새로운 상표의 등장, 새로운 기능의 추가, 또는 재포지셔닝을 통해 확장된 제품을 의미한다.

❖ 예시

① 줄넘기의 수정 : 색상, 길이, 물질(예, 플라스틱, 와이어)의 변화

② 줄넘기의 기능추가 : 횟수, 소요시간 및 소요 열량을 측정하는 기능의

37) 소비자에게 모방제품은 새로운 제품이 아닐지라도 해당 제품을 처음으로 제공하는 기업의 입장에서는 신제품이다.

추가

③ 줄넘기의 재포지셔닝 : 기존의 심장병 예방 효과에서 최근에는 성장 발달의 효과를 강조

16-3. 신제품의 중요성

시장에 새로 등장하는 경쟁자는 기존제품을 개선한 제품을 가지고 등장하는 경향이 있어서 기존 기업도 마찬가지로 기존 제품을 개선한 신제품을 출시하여 상황에 대처해야 한다. 또한 기술혁신으로 인해 개선제품뿐만 아니라 대체제품이 등장하여 소비자의 욕구를 변화시키고 있으므로 기존 시장에서 활동하는 기업에게 신제품 출시는 더욱더 중요하다. 즉, 변화하는 시장에서 신제품은 기업의 성장과 생존에 있어서 필수적인 요소이다.

16-4. 신제품 개발 과정

시장에 출시되는 신제품의 실패율이 높으나 아래 7가지 개발과정의 철저한 관리를 통해 위험부담을 감소시킬 수 있다.

1) 아이디어 창출(Idea Generation)

다양한 방법으로 신제품에 대한 아이디어를 창출하는 과정으로, 아이디어를 많이 창출할수록 그 가운데에 좋은 아이디어가 존재할 가능성이 높다.

❖ 주요 아이디어 원천과 창출방법

① 고 객 : 제안, 불만신고, 표적집단면접 등

② 내부인 : 공모전, 브레인스토밍, 블루오션전략, SWOT 분석 등

③ 경쟁사 : 제품분석

④ 전문가 : 컨설팅, 발표자료 등

브레인스토밍(Brain storming, 두뇌짜기)[38]

참석자들로 하여금 아이디어를 구두로 자유롭게 발표하도록 하는 방법이다. 발표한 아이디어를 모두가 볼 수 있도록 해야 하며, 참여자로 하여금 편안하게 발표할 수 있도록 평가는 나중에 한다. 이는 질보다 양이 중요하기 때문이다. 발표시간이 종료되면 공통점을 중심으로 아이디어를 그룹화 하여 그 수를 축소 및 정리하고 평가를 시작한다.

그룹화의 예)
인터넷을 이용하여 우수강사 홍보
인터넷을 이용하여 수질수치 홍보 ──────→ 인터넷을 이용하여 홍보
인터넷을 이용하여 셔틀운영 홍보

명목집단법(Nominal Group Technique)[39]

참석자들로 하여금 일정 시간에 아이디어를 개별적으로 작성케 하는 방법이다. 주어진 시간이 지나면 아이디어를 모아서 모두에게 알려준 후 평가 이어 투표를 시행한다. 브레인스토밍과 달리 이 방법은 소심한 참석자로 하여금 아이디어를 제시하도록 하는 장점이 있다.

소원 말하기[40]

의사결정의 관심 대상에 대한 소원이 모두 이루어질 수 있다는 전제하에, 참석자들로 하여금 자신의 소원을 밝히도록 하는 방법이다.

38)~40) 신제품뿐만 아니라 다른 마케팅 의사결정에도 적용이 용이하다.

블루오션 전략

블루오션 전략은 아래 ERRC에 대한 4가지 질문을 토대로 기존 제품을 새로운 형태로 제공하여 새로운 수요를 창출하는 것이다.

① 제거(Eliminate) : 당연한 것으로 생각하는 요소들 가운데 제거할 것은?
② 증가(Reinforce) : 표준 이상으로 올려야 할 요소는?
③ 감소(Reduce) : 표준이하로 내려야 할 요소는?
④ 창조(Create) : 아직 한 번도 제공하지 못한 것으로 제공할 수 있는 요소는?

사례 : 커브스(Curves)라는 여성 전용 헬스장은 남성출입과 부대시설을 제거하고 30분 순환운동으로 시간대비 운동효과를 증대시켰으며 운동기구는 조절이 필요 없고 다루기 쉬운 것 몇 개로 제한하고 회원 간의 교류를 촉진시키기 위해 기구들을 원형으로 배치하였다.

아래 6가지의 고려사항을 통해 ERRC 요소에 대한 아이디어를 얻을 수 있다.

① 기능과 형태는 다르지만 유사한 욕구를 충족시킬 수 있는 다른 산업의 제품
　예) 건강식품처럼 특정 실버운동 프로그램이 제공하는 신체적, 심리적 및 사회적 효과를 강조
② 경쟁관계로 보이지 않는 동일한 산업 내의 제품
　예) 수영장이 워터파크의 장점을 고려하여 미끄럼을 설치
③ 다른 가능한 구매자
　예) 운동기구 제조업체가 헬스장만 표적하다가 개인도 표적
④ 고객의 문제해결을 위해 제공할 수 있는 보완적 제품
　예) 스키장의 놀이방 운영
⑤ 감성에 기능을, 기능에 감성을 추가할 수 있는 가능성
　예) 버추얼 운동기구, 운동복 패션
⑥ 사회적 추세를 기회로 만들 수 있는 가능성
　예) 고령화 사회에 대비하기 위해 한국체육대학교가 최초로 노인체육 전공을 개설

2) 아이디어의 평가와 선택(Idea Screening and Selection)

창출한 여러 아이디어를 평가 또한 비교해서 가장 좋은 아이디어로 축소하는 과정에서 아래 점수법이 일반적으로 적용되고 있다.

육하원칙 중심의 브레인스토밍

해결방안을 모색하는 브레인스토밍과 달리 질문을 모색하는 일종의 브레인스토밍 방법으로 특정 아이디어를 이해 또한 실천하기 위해 구체적으로 고려할 부분들을 파악하는데 도움을 준다. 질문모색 시 '누가', '언제', '어디서', '무엇을', '어떻게', '왜'를 각각 개별적으로 접근하며, 질문에 답하지 않는다.

점수법[41]

① 아이디어를 평가하기 위한 항목(기준)들을 선택한다.
② 각 항목의 상대적 중요도에 따라 가중치를 부여한다.
③ 일정한 척도를 이용하여 각각의 아이디어를 항목별로 평가하며, 아이디어가 평가기준을 어느 정도 만족시키는가에 따라 점수를 차등있게 부여한다.
④ 각각의 아이디어를 위해 항목들의 가중치와 평가점수를 곱한다.
⑤ 아이디어 별 위 ④의 결과를 합산한다.
⑥ 종합점수를 토대로 각각의 아이디어의 매력도를 평가한다. 이 매력도는 종합점수가 높을수록 높다.

3) 제품개념의 개발 및 테스트(Product Concept Development and Testing)

(1) 제품개념

아이디어 평가과정을 통과한 매력적인 아이디어는 제품개념을 통해 구체화된다. 이러한 제품개념(Product Concept)은 제품 아이디어를 소비자가 이

41) 기업에서 아이디어 창출은 신제품으로 한정되지 않는다. 마케팅 전략도 포함한다. 또한 점수법은 아이디어 평가뿐만 아니라 태도 평가 또는 의사결정 위한 대안평가 방법이기도 하다(35, 180쪽).

해할 수 있도록 사용자, 용도, 특징, 사용법, 장단점 등을 구체적으로 기술하는 내용이다.

제품개념의 예 – 커브스 여성전용 헬스장

남자들의 시선을 의식하지 않고 편안하게 운동할 수 있는 여성전용 헬스장이다. 일반 스포츠센터와 달리 운동기구는 다양하지 않지만 여성의 체형관리에 적합하며 무게 조절이 필요없어서 이용이 편리한 기구만 보유한다. 부대시설도 제거해서 규모가 상대적으로 작지만 이에 따른 운영비 감소로 인해 소비자의 이용료가 저렴하다. 아울러 바쁜 현대 여성에게 30분이라는 짧은 시간에 탁월한 효과를 볼 수 있도록 일정한 순환운동 프로그램을 제공하며 이용자 간의 교재를 촉진시키기 위해 기구들을 원형으로 배치한다.

(2) 테스트(Testing)

잠재적 소비자를 대상으로 제품개념에 대한 반응을 조사하는 과정이며, 이 과정에서 표적집단 면접의 적용이 가능하다. 유형제품인 경우, 제품개념과 함께 그림 또는 모델을 보여주고 반응을 살펴볼 수도 있다.

행동과 태도의 괴리

제품개념에 대한 반응이 긍정적이어서 잠재적 소비자가 실제로 출시된 제품을 구매하는 것은 아니다. 그 이유는 소비자가 제품을 불필요하거나 구매력이 부족할 수 있기 때문이다. 만약 제품이 필요하고, 구매력이 있다 하더라도 상황적 변수(예, 다른 제품의 가격할인)가 소비자로 하여금 다른 제품을 구매하도록 할 수 있다. 그러므로 표적고객을 정확히 정의하고 해당자들의 구매의사를 알아보는 것이 바람직하다. 또한 행동 그 자체에 영향을 주는 상황적 변수까지 고려해야 한다. 그럼에도 불구하고 구매의사를 밝힌 모든 조사대상자가 실제로 제품을 구매하는 것은 아니다.

4) 사업성 분석(Business Analysis)

잠재적 소비자에 의해 긍정적인 평가를 받은 제품의 사업성을 평가하는 과정이다. 이 과정에서 예상 수요를 중심으로 예상 이익을 평가해야 하는데 수요는 안전하게 낮게 책정하는 것이 바람직하다.

5) 제품개발(Product Development)

사업성이 충분하다고 판단된 제품아이디어를 실제의 제품으로 구체화하는 과정으로 제품에 따라 연구개발 기간과 비용이 다르다.

6) 시험 마케팅(Test Marketing)

신제품을 일부 시장(예, 점포, 지역 등)에 출시하여 소비자의 반응을 확인하는 과정으로 신제품뿐만 아니라 마케팅 프로그램의 점검까지 가능하다.

7) 상업화(Commercialization)

시험마케팅 결과를 토대로 시장에 출시할 신제품의 출시시기, 출시지역 및 마케팅 프로그램을 결정하고 실행하는 과정이다.

17 SWOT 분석

17-1. SWOT 분석이란?

SWOT 분석은 기업의 외부환경 속에 내재하고 있는 기회(Opportunity)와 위협(Threat) 요소들을 식별한 후 이들 요소에 비추어 보았을 때 기업이 지니고 있는 강점(Strength)과 약점(Weakness)을 식별하는 과정이다.

17-2. SWOT의 표현

S. W. O. T. 분석이라 하지 않고 '스왓분석'이라 한다.

17-3. 기회(O)와 위협(T)이란?

기회 요인은 기업에 긍정적인 영향을 미치는 외부 환경요인들을 의미하며 위협은 기업에 부정적인 영향을 미치는 외부 환경요인들을 의미한다[42].

17-4. SWOT 분석의 중요성

앞에서 외부환경 분석의 필요성을 언급하였을 때 기업은 환경으로부터 영향을 받으나 그 외부환경을 통제할 수 없을 뿐만 아니라 그 환경은 계속 변화하고 있어서 기업은 외부환경의 변화를 주기적으로 감시하고 그 변화에 대응해야 한다고 하였다. 이처럼 외부환경 분석은 변화에 대한 감시 차원에서 이루어지며, SWOT 분석은 대응 차원에서 이루어진다고 볼 수 있다. 다시 말하자면, 기업은 외부와 내부의 환경에 대한 분석을 토대로 SWOT 분석을 실시한 다음, SWOT 분석을 토대로 기업의 전략을 수립한다.

17-5. SWOT 분석에 의해 수립 가능한 전략

기업은 SWOT 분석을 토대로 아래와 같은 전략을 수립하여 기업의 환경으로부터 오는 위협을 최소화하고 기회를 극대화할 수 있다.

1) S-O(O-S) **전략** : 외부의 기회요인이 가져다줄 수 있는 이익을 최대로

42) 48쪽에서 제시하는 것과 같이 기업운영에 영향을 미치는 외부환경들을 분석한 다음 각각의 분석내용이 긍정적인지 부정적인지를 구분하는 방법으로 기회와 위협요인을 구분할 수 있다.

얻을 수 있도록 내부의 강점을 이용 또는 강화하는 전략이다.

2) S-T(T-S) **전략** : 외부의 위협요인이 가져다줄 수 있는 불이익을 최대로 감소시키기 위해 내부의 강점을 이용 또는 강화하는 전략이다.

3) W-O(O-W) **전략** : 외부의 기회요인이 가져다줄 수 있는 이익을 최대로 얻을 수 있도록 방해가 되는 내부 약점들을 약화하는 전략이다.

4) W-T(T-W) **전략** : 외부의 위협요인이 가져다줄 수 있는 불이익을 최대로 감소시키기 위해 문제가 되는 내부 약점들을 약화하는 전략이다.

내부 요인 / 외부 요인	내부 강점(S)	내부 약점(W)
외부기회(O)	S-O 전략 O-S 전략	W-O 전략 O-W 전략
외부위협(T)	S-T 전략 T-S 전략	W-T 전략 T-W 전략

17-6. 전략수립 접근방법

먼저 S, W, O, T에 대해 각각 브레인스토밍 또는 명목집단법을 실시하고, 이 과정에서 분류별 색상이 다른 종이에 적는다. 그 다음 그룹화 과정을 거친 내용을 중심으로 가능한 전략을 수립한다.

다음은 청평에 있는 한 수상스키장에 대해 학생들이 수업시간에 발표한 내용이다[43].

43) 기준은 2009년 봄이며, 외부요인은 청평에 있는 모든 수상스키장에 영향을 미치는 기회 및 위협 요인들이고 내부요인은 특정 수상스키장에게만 해당하는 강약점들이다. 또한 실제 발표내용의 일부만 기입하였으며, 각각의 전략 앞에 나타나는 숫자와 알파벳은 구체적으로 어느 외부요인과 어느 내부요인이 같이 고려되었는가를 제시하고 있다.

	강점	약점
	A 우수 지도자 B 우수 경치 C 많은 보트와 인력으로 인한 짧은 대기시간 D 홈피 관리 E 넓은 면적 F 주변에 음식점과 숙박소가 많음	F 음류수만 판매 G 서비스 정신 부족 H 시설과 보트의 노후화 I 많이 들어가야 해서 제대로 찾아왔는지에 대해 의문 갖게 하는 위치 J 쾌적성 부족 K 보트놀이 이외 다른 흥미요소 부족 L 자금력 부족
기회 1 정부의 4대강 살리기 계획 2 온라인 동호회의 활성화 3 인터넷 의한 정보접근성 4 교통발달에 따른 접근성 5 자연과 함께 하고픈 욕구	15B 방송사의 지역홍보 유도 2BCDE 인터넷 동호회원을 대상으로 강점 홍보 3ABCDF 홈피에 강점을 강조 3CD 날씨, 교통, 평균 대기시간 등에 대한 정보를 사이트에 실시간으로 제공 3CD 온라인 사전 예약 5BE 편안하게 보트만 타고 차 한잔 하는 곳으로 위치화	4I 대중교통을 이용한 적정 인원의 방문 시 셔틀버스 운영 4I 자가용 이용 고객 위해 안내 표지판 설정
위협 1 경쟁 치열성 2 경기침체로 인한 수요저하 3 계절에 따른 수요변화 4 어린이, 노인, 주부가 타기 힘들다	12D 온라인 할인쿠폰 제공 2F 주변 업체와의 제휴를 통한 홍보 또는 할인 패키지의 제공 3ABCEF 비시즌에 대학교 계절수업이나 엠티 유치	1H 낙후된 시설을 개선 1G 강사에게 서비스교육 제공 2FL 과자, 아이스크림 판매 4K 가족방문을 유도하기 위해 장난감, 여성잡지, 인터넷 등을 제공

위에서 제시한 일부 전략들을 복습차원에서 다음 4 가지 성장 전략[44)]으로 구분해 본다.

	기존 제품	새로운 제품
기존 소비자	시장침투전략 - 방송사의 지역홍보를 유도 - 인터넷 동호회원을 대상으로 강점 홍보 - 온라인 할인쿠폰을 제공	신제품 개발 전략 - 낙후된 시설을 개선 - 과자, 아이스크림 판매로 수익을 증대 - 대중교통을 이용한 고객 위해 셔틀버스를 운영 - 가족방문을 유도하기 위해 장난감, 여성잡지, 인터넷 등을 제공 - 날씨, 교통, 평균 대기시간 등에 대한 정보를 사이트에 실시간으로 제공
새로운 소비자	신시장 개발 전략 - 비시즌에 대학교의 계절수업이나 엠티를 유치 - 수상스키를 타지 않아도 편안하게 차 한 잔 할 수 있는 곳으로 위치화	다각화 전략 (해당 없음)

44) 성장전략에 대한 설명 → 87쪽

18 가격전략

가격(Price)은 스포츠마케팅 믹스 중 가장 쉽게 변경될 수 있는 요인으로써 소비자가 제품을 소유하거나 사용하는 대가로 지불해야 하는 비용이다. 다음은 가격을 책정하기 위해 적용할 수 있는 방법들이다.

18-1. 비용 중심적 가격결정(Cost Based Pricing)

제품의 생산과 판매에 들어가는 총 비용을 충당하고, 더 나아가 추구하는 이익을 얻을 수 있는 수준에서 가격을 결정하는 방법이다.

1) 손익분기점 분석(Break-Even Analysis)에 의한 가격결정

아래와 같은 방법으로 손해와 이익이 없는 손익분기점 가격을 산출한 후 이에 근거하여 가격을 결정하는 방법이다.

(1) 제품이 한 가지일 경우

매출액 = (고객 수)(가격) = 고정비용 + 유동비용(고객 수)

$$\rightarrow \text{가격} = \frac{\text{고정비용} + \text{유동비용(고객 수)}}{\text{고객 수}}$$

(2) 제품이 두 개일 경우

매출액 = (A 고객 수)(A 가격) + (B 고객 수)(B 가격)

= 고정비용 + A 유동비용(A 고객 수) + B 유동비용(B 고객 수)

고정비용은 고객 수와 상관없이 지출되는 전체 비용으로 투자 장비와 가구의 감가상각비[45], 임대료, 금융비용(예, 은행대출 이자료), 관리비, 광고비, 경상비 등을 합산한 것이다.

유동비용은 고객 한 명에 의해 추가적으로 지출되는 비용이다.

예시 1) 탁구를 치다보면 찌그러지거나 깨지는 공들이 발생한다. 만일 공 1개가 500원이고 고객 1명에 의해 월 평균 2개 공이 망가진다면 탁구장의 유동비용은 1000원이라 할 수 있다.

예시 2) 고객의 화장실, 샤워장, 타월 및 정수기의 사용으로 인해 상승하는 수도요금과 고객의 전기 작동 운동기구와 헤어드라이기의 사용으로 인해 상승하는 전기요금은 헬스장의 유동비용이라 할 수 있다.

2가지 제품의 손익분기점 가격을 동시에 결정하는 방법

위 함수에 고정비용과 유동비용을 입력한 다음 제품별 예상 고객 수를 안전하게 입력한다. 이 때 aX+bY = c와 같은 함수를 얻게 되는데 이 함수를 토대로 X가 주어졌을 경우, Y를 계산할 수 있도록 엑셀을 프로그램화 한다. 그 다음 X를 일정 가격에서 조금씩 올려서 Y가 어떻게 감소하는지를 관찰한 후 아래에 기술되어 있는 기타 가격결정 영향요소들을 고려하여 마음에 드는 가격들을 선정한다.

2) 가산이익률 가격결정(Mark-Up Pricing)

제품의 단위당 비용에 일정의 마진율을 더해서 가격을 결정하는 방법이다.

가격 = (고정비용/고객 수 + 유동비용)(1+이익률)

* 위 공식에서 이익률이 50%라면, .5로 계산한다.

---

45) 감가상각비는 시간의 흐름에 따라 유형자산의 가치가 감소하는 정도로 회계에서는 비용으로 취급하여 반영한다.

3) 비용가산 가격결정(Cost-Plus Pricing)

기업이 목표로 하는 이익을 달성할 수 있도록 가격을 결정하는 방법으로 가격은 총비용에 총이익을 얼마 낼 것인지를 더해 예상되는 판매량으로 나누어 산출된다.

> 목표이익 = 매출 - 총비용 = 가격(고객 수) - 고정비용 - 유동비용(고객 수)
>
> $\rightarrow$ 가격 = $\dfrac{\text{목표이익 + 고정비용 + 유동비용(고객 수)}}{\text{고객 수}}$
>
> * 위 공식은 목표이익을 '0'으로 처리한 손익분기점 가격 산출방법과 유사하다.

4) 목표투자이익률 가격결정

기업이 목표로 하는 투자이익률을 달성할 수 있도록 가격을 결정하는 방법이다.

> (투자액)(목표이익률) = 가격(고객 수) - 고정비용 - 유동비용(고객 수)
>
> $\rightarrow$ 가격 = $\dfrac{\text{투자액(목표이익률) + 고정비용 + 유동비용(고객 수)}}{\text{고객 수}}$

18-2. 소비자 중심적 가격결정(Consumer Based Pricing)

1) 가치 중심 가격결정

표적 소비자에게 느끼는 제품의 가치를 직접 물어보고 이에 근거하여 가격을 결정하는 방법이다.

2) 수요 중심 가격결정

기업은 선호하는 가격에 따른 수요와 공급 수준을 비교할 필요가 있다.

① 만약 수요가 공급보다 크면 가격을 높여서 수요를 낮추거나 가격을 유

지하면서 생산효율성(공급)을 증대시키는 것이 바람직하다. 그러나 수요가 공급보다 적으면 비용을 절감하면서 가격을 낮추거나 할인행사로 소비자의 부담을 줄여서 수요를 증가시키는 것이 바람직하다.

② 계절, 요일, 시간대에 따라 수요가 변화하는 경우가 있어서 성수기와 비수기, 평일과 주말, 그리고 오전과 오후간의 가격 차이가 있는 경우가 있다.

3) 수요 탄력성

수요와 공급의 상대적 크기에 따라 가격을 올리거나 내리게 되지만 그 폭의 크기에 대한 결정에는 수요의 탄력성이 영향을 미친다.

(1) 정의

수요 탄력성은 특정제품의 가격변화에 대해 전체 소비자가 대체로 보이는 민감도를 나타낸다.

(2) 수요 탄력성 유형

① **비탄력적 수요** : 가격변화율에 따라 수요변화율이 적은 경우로 가격을 많이 인상해도 수요가 적게 감소하고 가격을 많이 인하해도 수요가 적게 증가하는 경우를 의미한다.

② **탄력적 수요** : 가격변화율에 따라 수요변화율이 큰 경우로 가격을 많이 인상해도 수요가 크게 감소하고 가격을 적게 인하해도 수요가 크게 증가하는 경우를 의미한다.

③ **단위 탄력적 수요** : 가격변화율과 수요변화율이 같은 경우를 의미한다.

(3) 수요 탄력성에 영향을 미치는 요인

일부 요인들은 아래와 같다.

① 소비자의 수입 - 높을수록 민감도가 낮다.

② 제품소비가 수입에서 차지하는 비율 - 비율이 낮을수록 민감도가 낮다.

③ 제품사용의 필요성 - 필요할수록 민감도가 낮다.

④ 가격변화 - 자주 세일할 경우, 민감도가 낮다.

⑤ 제품의 품질 - 우수할수록 민감도가 낮다.

⑥ 제품에 대한 사회인지도 - 높을수록 민감도가 낮다.

⑦ 제품의 사용빈도 - 자주 사용해야 할수록 민감도가 낮다.

⑧ 제품의 희소성 - 희소성이 높을수록 민감도가 낮다.

⑨ 대체제품의 부재 - 다른 유형의 제품으로 인한 욕구충족이 어려울수록 민감도나 낮다.

⑩ 제품구매의 시급성 - 급할수록 민감도가 낮다.

(4) 수요 탄력성 판단 방법

① 위에 언급한 각각의 요인을 토대로 민감도가 대체로 낮은 편 아니면 높은 편으로 기울이는지를 판단한다.

② 다수의 소비자를 대상으로 제품의 적정가격이 어느 정도일 때 구매할 의도가 있는가를 조사한다.

③ 설문조사과정에서 밝힌 의사대로 소비자는 실제로 행동하지 않을 수 있다. 따라서 특정 지역에서만 가격을 높이거나 내리고 소비자의 반응을 확인하는 시험마케팅[46]을 실행한다.

---

46) 시험마케팅을 통해 신제품에 대한 반응을 확인할 수도 있다.

(5) 시사점

소비자가 가격변화에 민감하면, 저가격 전략이 적절하고 소비자가 가격변화에 민감하지 않으면 고가격 전략이 적절하다. 그럼에도 불구하고 수요의 탄력성에 대한 이해 없이 무조건 저렴한 것이 좋다고 생각하는 경영자와 여건상 필요를 느끼면서도 가격인상을 망설이는 경영자들이 있다.

> 불필요한 저가격 전략은 피하는 것이 바람직하다. 그 이유는 기업이 가격을 상황에 대처하기 위해 경쟁자도 쉽게 가격을 내릴 수 있기 때문이다. 결국 모두 가격이 아닌 다른 요소에 의해 경쟁할 수밖에 없게 된다.

> 어느 비인기 종목단체는 자금력이 부족했음에도 불구하고 신청인이 적을까봐 강습비를 4만원으로 낮게 책정해 왔다. 그러던 어느 해 강습비는 새로 선출한 회장의 지시로 8만원으로 인상되었다. 비록 우려했던 데로 강습생이 30명에서 15명으로 감소하였지만 120만원의 수익을 유지할 수 있었을 뿐만 아니라 보다 작은 강습장의 사용으로 인해 임대료를 절감하고 강습의 품질을 향상시킬 수 있었다.

18-3. 경쟁 중심적 가격결정(Competition Based Pricing)

경쟁자의 가격에 근거해 가격을 결정하는 방법이다.

1) 시장가격에 따른 가격결정(Going-Rate Pricing)

보통 주된 경쟁자의 제품가격과 동일하거나 비슷한 수준에서 가격을 결정하는 방법이다.

① 가격을 경쟁제품에 비해 낮게 선정하면 품질이 낮은 것으로 지각될 수 있다. 그 반대로 가격을 경쟁제품에 비해 높게 선정하면 품질이 우수한 것으로 지각될 수 있으나 상대적 이점이 없을 경우 이 같은 고가격 전략은 바람직하지 않다.

② 제품이 제공하는 편익은 다양하므로 주요 편익을 중심으로 경쟁제품의 시장위치와 가격을 파악한 후, 자사제품의 상대적 강약점에 근거해 가격을 결정하는 것이 바람직하다.

2) 입찰에 따른 가격결정(Sealed-Bid Pricing)

2개 이상의 기업이 각각 독자적으로 입찰 가격을 제시하는 방법

18-4. 제품 중심적 가격결정

1) 신제품 출시

신제품은 도입기에 출시되며, 이때 사용할 수 있는 가격전략은 아래와 같다.

① **초기 고가 또는 상층흡수**(Skimming) **전략** : 신제품 개발에 투자한 자금의 조기 회수를 위해 가격 탄력성이 비교적 낮은 고소득층 소비자를 대상으로 도입기 초기 단계에서 제품을 고가격으로 책정하고, 점차 성장기, 성숙기, 쇠퇴기에 이르면서 저소득층 소비자를 대상으로 시장을 확대하기 위한 가격인하 전략으로써, 주로 제품의 품질이나 이미지가 뛰어나서 경쟁사와의 가격 경쟁을 피할 수 있는 시장 선도자(Market Leader)에 의해 선정된다.

② **시장침투**(Penetration) **전략** : 도입기 초기 단계에서 제품을 저가격으로 책정하고 점차 시장점유율을 늘리면서 가격을 인상시키는 전략으로 여러 경쟁 제품이 이미 존재하고 있는 시장에서 신제품(모방제품, 수정제품)을 출시할 때 수행되며, 특히 수요 탄력성이 높고 경험효과가 높은 제품에 효과적이다.

2) 제품수명주기[47]

가치에 비해 가격이 높게 또는 낮게 선정되는 경우가 있는데 이는 제품수명주기에 따른 가격전략에 의해 설명할 수 있다.

① **도입기** : 위에서 기술한 신제품 출시 가격전략이 이에 해당한다.

② **성장기** : 시설/설비의 확장이 요구되거나 경쟁이 없는 경우에는 보통 도입기의 가격으로 고정시키고, 치열한 경쟁과 경험곡선이 존재하는 경우에는 가격을 인하하거나 저가격으로 시장을 침투한다.

③ **성숙기** : 치열한 경쟁에서 생존하기 위해 저가격을 책정하나 수요의 탄력성이 낮은 경우에는 가격을 고정시킨다.

④ **쇠퇴기** : 수요가 공급에 비해 낮을 때 가격을 인하하거나 저가격을 책정한다.

3) 제품믹스 가격전략

① **제품라인[48] 가격전략** : 가격대를 몇 개로 구분하고(예, 저, 중, 고) 이에 따라 제품라인을 개발한다. 예를 들어, 같은 축구관람이라 하더라도 VIP석과 일반석에 따라 가격과 서비스에 차이가 있다.

② **종속제품 가격전략** : 흔히 주제품의 가격은 낮게 책정되고 종속제품의 가격은 높은 마진이 보장되도록 책정한다. 예를 들어, 행사주최자는 입장료를 낮게 책정하고 식음료, 주차비 및 기념품을 높게 책정하는 경향이 있다.

③ **패키지 가격전략** : 몇 개의 제품들을 묶어서 할인된 가격으로 판매한다. 예를 들어, 스키장은 스키 대여, 스키 리프트와 숙박 서비스를 묶어서 할인해 주는 경우가 있다.

---

47) 제품수명주기에 대한 설명 → 83쪽

48) 제품라인에 대한 설명 → 86쪽의 주석

18-5. 심리적 가격전략

1) **명예 가격**(Prestige Price) : 품질의 우수성을 상징하기 위해 고가격을 책정하는 전략이며, 명성가격 또는 권위 가격으로 불리기도 한다.
2) **유인 가격**(Loss Leader Price) : 인기 제품을 저가격으로 책정하여 고객을 상점으로 유인하는 전략이다. 이는 소비자에게 다른 제품도 저렴하다는 인상을 주며 실제로 다른 제품의 구매까지 기대한다.
3) **단수 가격**(Odd Price) : 천 단위, 만 단위로 끝나는 것보다 그 수준에서 약간 모자란 금액(예, 1900원, 19900원)으로 가격을 책정하여 더 저렴하다는 인상을 갖게 하는 전략이다.

18-6. 세분시장 따른 차별적 가격결정(Discriminatory Pricing)

동일한 상품에 대하여 계절/시기, 시간, 좌석위치 또는 대상에 따라 가격을 차별적으로 책정하는 전략이다.

1) 수요에 따른 차별적 가격
2) 구매력에 따른 차별적 가격

19 광고기획 과정

광고는 비용을 지불하고 대중매체를 이용해 제품에 대한 메시지를 전달하는 비인적인 커뮤니케이션이며, 광고전략은 크게 기본전략, 크리에이티브 전략과 매체 전략으로 구성되고, 광고기획 과정은 다음과 같다.

과정 1 : 마케팅 조사

광고 목적의 설정은 현재의 마케팅 상황에 대한 세밀한 분석에 근거해야 한다.

과정 2 : 기본전략

1. 광고 목적의 설정

광고목적은 표적고객, 커뮤니케이션 목표, 달성기간 및 목표달성 수준을 포함해야 한다. 여기서 커뮤니케이션 목표는 주로 정보제공, 설득(태도의 변화), 상기의 세 가지 중 하나를 의미하며, 판매목표에 비해 가격, 소비자의 구매력, 경쟁자의 마케팅 활동에 의해 영향을 받지 않는다. 또한 구체적인 목표달성 수준은 광고효과를 측정하기 위해 적용할 방법[49]에 의해 설정된다.

제품수명주기에 따른 커뮤니케이션 목표

도입기에는 정보제공 중심적이며
성장기와 성숙기에는 설득 중심적이고
쇠퇴기에는 "구매시기가 왔다"와 같이 상기 중심적이다.

2. 광고 예산의 설정

광고목표를 달성하기 위해서는 예산을 책정해야 하며, 예산책정 시 고려해야 할 사항은 다음과 같다.

1) 광고의 이월효과

광고는 실행되고 있는 기간 이후에도 그 효과가 지속되므로 광고비용을 장기간의 비용으로 처리해야 한다.

49) 광고효과측정방법에 대한 기술 → 127쪽

2) 제품의 수명주기

도입기에는 광고에 상당한 투자를 하지만 성장기와 성숙기에는 도입기처럼 광고예산을 지원하지 않는 것이 보통이다.

광고예산 지출

집중전략은 초기에 많이 지출하다가 점차 줄이는 방법으로 행사의 시작 안내와 신제품 출시 때 선호되며, 분포전략은 연간 또는 일정기간에 균형하게 지출하는 방법으로 프로스포츠가 선호하는 방법이다.

3) 제품의 시장점유율

시장점유율이 높은 상표는 일반적으로 매출액의 일정비율이 광고비로 소요되나 시장을 확대시키고 경쟁사로부터 시장점유율을 빼앗기 위해서는 많은 광고비가 요구된다.

4) 경쟁 치열성

경쟁사가 많은 경우, 제품을 시장에 더 잘 드러내기보다 적극적인 광고활동이 요구된다.

5) 필요 광고빈도

표적대상에게 원하는 메시지를 전달시키는데 필요한 광고의 반복빈도는 다를 수 있다[50].

6) 제품의 차별성

상표가 차별적인 이점이나 특성을 제공하고 있는 경우, 차별적인 이미지를 확립하기 위해서 강력한 광고를 해야 한다.

---

50) 광고빈도에 대한 추가설명 → 114쪽

7) 투자로 인한 추구이익

이는 고수익을 바랄수록 투자를 많이 해야 하는 경우가 있음을 의미한다.

과정 3. 광고 크리에이티브 전략과 전술

1. 광고 크리에이티브 전략

1) 제품 중심적인 'USP(Unique Selling Point) 전략'

USP 전략은 소비자로 하여금 구매의사를 가지게 할 정도로 의미 있는 독특한 장점 하나를 강조하는 것으로, 제품수명주기의 도입기나 성장기에 일반적으로 많이 사용되지만, 기술력에 대한 모방이 쉽게 발생하는 현재의 시장상황에서는 한계를 가지고 있다.

2) 소비자의 감성 중심적인 '브랜드 이미지 전략'

브랜드 이미지 전략은 제품에 개성을 부각하여 긍정적 이미지를 형성하는 전략이다.

3) 경쟁관계 중심적인 '포지셔닝 전략'

소비자의 마음속에 제품이 어느 측면에서(특성, 가격, 품질 등) 경쟁사에 비해 유리한 것으로 자리 잡게 만드는 전략이다. 성숙기에는 제품의 차이가 적어진다하더라도 소비자의 인식이 쉽게 변하지 않는 것이 장점이다.

2. 광고 크리에이티브 전술

광고의 소구유형과 실행방법으로 구성된다.

1) 소구유형

(1) 이성(head) 소구 : 사실성, 정보제공성, 논리성 등 합리적인 면을 강조한다.

소구유형	
속성	중요한 제품속성을 강조한다.
경쟁우위	상표의 우월성을 강조한다.
유리한 가격	가격을 강조한다.
뉴스성	신제품과 미래 행사에 대한 정보제공을 제공한다.
제품 인기	많은 소비자들이 사용하는 상표임을 강조한다.

(2) **감성(heart) 소구** : 이미지나 느낌 등 감정적인 면을 강조한다.

소구유형	
온정	사랑, 우애 등을 강조한다.
유머	광고에 유머를 사용한다.
공포	공포심을 유발한 후 위협을 제거할 수 있음을 강조한다.
성적	신체를 노출하거나 성적인 표현을 한다.
호기심	호기심을 자극한다.
애국심	우리나라에서 순수 만든 제품임을 강조한다.

2) **실행방법 : 광고소구를 제시하는 방법을 의미한다.**

실행방법	
사실	정보를 정직하게 제시한다.
입증	과학적 증거나 조사결과를 제시한다.
시연	실제로 사용하는 모습을 보여 준다.
비교	경쟁사 상표와 비교한다.
증언	만족을 느낀 소비자가 메시지를 전달한다.
생활의 단면	직면하는 문제를 제품이 해결하는 것을 보여준다.
애니메이션	애니메이션을 이용하며 어린이를 대상으로 한다.
상징	특성을 잘 나타낼만한 인물을 사용한다.
환상	생활이 어떻게 변화하였는지를 보여준다.
드라마	시청자가 행동하는 것처럼 느끼게 이야기를 전달한다.

패러디	어떤 작품을 모방한다.
티저	중요한 내용을 감추고 점차 드러낸다.
라이프스타일	어떤 라이프스타일에 잘 부합되는가를 강조한다.
해설	제품 사용자의 경험에 대해 해설자가 설명한다.
인격화	제품에 인간적인 성질을 부여한다.
노래	제품관련 노래를 부른다.

과정 4. 매체 전략[51)]

광고캠페인은 특정 기간 동안(주로 1년)에 여러 매체를 이용하여 유사한 테마를 상호 연관적으로 전달하는 마케팅 커뮤니케이션 활동이다. 즉, 매체 전략은 예산 내에서 전달하고자 하는 메시지를 가장 효율적 또한 효과적으로 전달할 수 있는 여러 가지 매체선정을 요구한다.

과정 5. 광고제작

과정 6. 광고실행

과정 7. 광고효과 측정[52)]

광고목적과 매출액 양면에서의 평가가 필요하다.

---

51) 73쪽 참조

52) 127~131쪽 참조

20 매체전략

20-1. 광고매체 선정 시 고려할 사항

광고매체마다 장단점[53]을 가지고 있는데 아래 요인들을 중심으로 매체를 비교하여 상황(광고목표, 표적고객, 제품특성 등)에 가장 적합한 미디어 믹스, 즉 미디어 전략을 선정해야 한다.

1) 비용

예산은 광고주가 지출할 수 있는 광고비용을 제한하기 때문에 매체선정에 영향을 미칠 수밖에 없으며, 매체선정 시 매체사용 비용[54]뿐만 아니라 광고물제작 비용까지 고려해야 한다.

2) 노출 지역범위

광고관리자는 표적고객에게 도달하기 위해서 매체들의 지역적 선택성을 고려해야 한다. 예를 들어, 부산 사람만을 대상으로 하는 광고를 중앙일간지에 할 필요는 없다.

3) 노출 대상 수(=도달률 : Reach)

광고관리자는 매체가 몇 명에게 노출될 수 있는가에 대해 고려해야 한다. 신제품이나 아직 확정되지 않은 표적시장을 가지고 있는 제품, 그리고 대량소비가 가능한 제품(예, 스포츠의류)은 많은 사람에게 노출시킬 수 있는 매

53) 116~126쪽 참조.

54) 주로 1000명의 노출에 대해 고정된 금액을 지불하는 CPM(Cost Per Millennium) 방식으로 광고비가 책정된다.

체를 이용하는 것이 효율적이지만 만약 제품이 대중적이지 않다면(예, 낚시) 직접우편이나 잡지가 적합할 수 있다.

4) 노출 대상의 인구통계학적 특성

광고관리자는 표적고객에게 도달하기 위해서 매체들의 인구통계적 선택성을 고려해야 한다. 예를 들어, 스포츠의류사는 젊은 여성을 표적하기 위해 '영레이디' 그리고 중년 여성을 표적하기 위해 '주부생활' 여성잡지를 선호할 수 있다.

5) 표적고객의 관심유발정도

광고관리자는 표적고객들이 관심을 가지고 있는 주제(예, 스포츠, 경제, 뉴스, 문화 등)에 대해 알아야 한다.

6) 매체의 신뢰성

광고목표가 설득 또는 태도변화일 경우, 신뢰성은 중요하다.

7) 노출빈도

일일정기간동안 대중이 광고메시지에 노출될 수 있는 횟수를 고려해야 한다. 특히 신상품. 경쟁이 치열한 제품, 대중이 잘 모르는 상표, 비인기 상표, 구매빈도가 높은 제품 그리고 어린이와 청소년을 표적하는 제품의 경우, 노출빈도는 중요하다. 광고가 새롭거나 복잡하거나, 특색이 없을 경우, 또한 이미지 광고이거나, 작은 사이즈의 광고일 경우에도 신중하게 고려해야 한다.[55]

---

55) 광고캠페인은 일정기간이 지나면 효과가 감소한다. 그러나 테마에 약간의 변화를 제공함으로써 사람들의 주의를 끌어 그 기간을 늘릴 수 있다.

8) 매체의 적시성

광고관리자는 원하는 시기(계절, 특별한 날)에 맞추어 광고할 수 있는지를 고려해야 한다.

9) 매체의 감성적 측면

제품의 색상, 모양, 크기 등을 인지해야 한다면 라디오는 적합하지 않으며, 제품의 사용과정이 생생하게 묘사되어야 한다면 TV가 가장 적합할 것이다.

10) 제한사항

광고관리자는 원하는 시간대나 지면이 사용가능한지를 고려해야 한다[56]. 또한 설명이 필요한 제품일 경우 할애시간이 짧거나 할애공간이 적은 광고매체는 적합하지 않으며, 메시지가 복잡한 제품일 경우 방송매체보다 인쇄매체가 이해력이 더 높다.

11) 수정 용이성

신문과 라디오는 최종마감 시점에서 변경이 용이하기 때문에, 가격이나 업데이트를 포함하는 광고에서 널리 이용되고 있다.

12) 경쟁자의 사용매체

경쟁자들이 어느 매체에 광고를 하는 경향이 있다면, 해당 제품을 원하는 소비자는 그 매체에서 정보를 얻기 원할 것이다.

---

[56] 잡지의 경우, 오른쪽 페이지가 왼쪽 페이지보다 열독률이 높으며, 기사의 첫 페이지, 두 번째 페이지, 세 번째 페이지 순으로 열독률이 낮아진다. 또한 한 페이지에 실린 광고 수가 많을수록 열독률이 떨어진다.

20-2. 광고매체 유형

광고매체는 표적고객에게 광고메시지를 전달하는데 있어서 필요한 일체의 커뮤니케이션 수단을 의미한다. 주요 매체는 크게 전파매체(라디오, TV), 인쇄매체(신문, 잡지), 직접우편, 장소매체(옥외, 교통수단[57]), 구매시점, 스포츠경기), 선물증정품, 인터넷매체 및 특수매체(극장, PPL[58]))로 분류할 수 있다[59]. 각각 장·단점을 지니고 있으므로 광고관리자는 여건에 따라 적절한 매체를 비교 및 선택해야 한다.

1) 전파매체

(1) 라디오

① 라디오 광고의 장점

- 지역광고와 전국광고가 가능하다.
- 방송국이 많아서 청중이 다양하게 세분되어 있지만 여러 대도시와 지방 방송국의 시간을 구매하면 보급률이 높다.
- 휴대가 간편하기 때문에 이동 인구와 야외활동 인구에 도달 가능하다.
- 특정 소비자 집단에게 접근이 가능하다.
- TV에 비해 비용이 저렴하다.
- 상당량의 반복노출이 가능하다.
- TV의 보조매체로 활용이 용이하다. 예를 들어, TV와 동일한 광고를 라디오에서 청각 재생하면 광고인지도를 높일 수 있다.

---

57) 교통수단매체는 일종의 옥외광고이지만 별도의 매체로 분리되는 경우가 많다.

58) Product placement의 약칭으로 드라마나 영화 속에 특정 제품을 등장시켜서 간접 광고 효과를 얻는 기법이다.

59) 연구자에 의해 매체가 약간 달리 분류되는 경우가 있으며, 본서에서는 일부 수단만 언급하였다.

- 시간대 확보가 용이하다.
- 최종마감 시점에서 변경이 용이하다.
- 소리, 언어 및 음성을 매개로 하므로 상상력을 촉진한다.
- 적시 광고가 가능하다.

② 라디오 광고의 단점

- 여러 광고 가운데 한 가지 광고가 주의를 끌기에는 한계가 있다. 특히 중간에 포함되어 방송되는 광고는 효과가 상대적으로 낮다.
- 메시지의 노출 시간이 짧아서 듣지 못한 경우에는 효과를 갖지 못한다.[60)]
- 청각에만 의존하기 때문에 회상이 낮다.
- 실체를 볼 수 없다.
- 다른 일을 하면서 들을 수 있으므로 청취자가 주의집중하지 않는다.
- 신문, 잡지, TV보다 조사자료가 상대적으로 적다.

(2) 텔레비전

① 텔레비전 광고의 장점

- 지역적 광고와 전국적 광고가 가능하다.
- 주목성이 높다.
- 광고시간을 이용해 다른 일을 하거나 다른 채널로 바꾸는 현상으로 인해 주의가 제한적이다.
- 보급률이 가장 높다.
- 특정 소비자 집단에게 접근이 용이하다[61)]
- 제품의 특성을 잘 나타낼 수 있다.

---

60) 이러한 문제는 반복 방송을 통해 보완할 수 있다.
61) 소규모 집단일 경우에는 선택성이 부족하다.

- 시청각 효과로 인해 전달력이 빠르다.
- 시범으로 효능을 보여줄 수 있을 때 설득력이 가장 높다.
- 프로그램과 관련이 있을 경우, 프로그램 광고[62]는 신뢰감을 준다.
- 적시 광고가 가능하다.

② 텔레비전 광고의 단점

- 매체이용 비용뿐만 아니라 광고제작 비용이 크다.
- 메시지의 노출 시간이 짧아서 시청하지 못한 경우에는 효과를 발휘하지 못한다.[63]
- 짧은 시간에 노출되는 많은 광고 가운데 시청자에게 특정 광고가 기억되기에는 한계가 있다.
- 방송사 여건상 광고에 할애할 수 있는 시간이 제한적이어서 반복 빈도가 제한을 받는다.
- 많은 정보를 제공할 수 없다.
- 최종시점 변경이 어렵다.

2) 인쇄매체

(1) 신문

① 신문광고의 장점

- 지역적 광고와 전국적 광고가 가능하다.
- 보급률이 높다.
- 정기 구독자가 있어 도달이 확실하다.
- 일간지의 지면과 전문지를 이용하여 특정 관심을 가진 소비자 집단에

62) 광고주가 특정 프로그램을 스폰서로 참여하여 그 프로그램 속에 광고 메시지를 삽입하는 것을 말한다.

63) 이와 같은 문제는 반복 방송을 통해 보완할 수 있다.

게 접근할 수 있다.
- 광고료 및 제작비가 저렴하다.
- 기록성과 반복성이 높다.
- 매일 발행되어서 광고시기를 고르기 쉽다.
- 신뢰성과 설득력이 높다.
- 전파매체에 비해 독자가 능동적이어서 주목성이 더 높다 .
- 적시광고와 인쇄 전 광고의 수정이 용이하다.

② **신문광고의 단점**
- 인쇄면에 대한 제한이 있다.
- 여러 신문을 취급해야 한다.
- 당일만 게재할 수 있기 때문에 읽혀지지 않으면 효과가 없다.
- 인터넷에 비해 정보제공이 느리다.
- 일간지를 이용하여 원하는 인구통계학적 특성을 가진 소비자 집단에게 접근하는데 한계가 있다.
- 광고가 많아서 구독자의 주의를 끄는데 한계가 있다.

(2) 잡지

① **잡지광고의 장점**
- 전국 광고가 가능하다.
- 특정 소비자 집단에게 접근할 수 있다.
- 일반적으로 독자의 교육정도와 구매력이 높다.
- 비교적 저렴하다.
- 주간, 격주간, 월간, 격월간, 계간지, 연간으로 발행되어서 신문보다 수명이 길다.

- 일정기간에 읽히므로 광고의 반복성이 높다.
- 신문에 비해 회람 가능성이 높다.
- 다음 호 발행 후에도 보존성이 높다.
- 선명하고 다채로운 인쇄로 인해 주목성이 높다.
- 정보제공에 적합하다.

② **잡지광고의 단점**

- 대부분의 잡지는 작은 지역시장을 대상으로 하지 않는다.
- 비용이 크다.
- 많은 광고 가운데 특정 광고가 기억되는데 한계가 있다.
- 적시 광고가 어렵다.
- 잡지가 지니는 사회적 위치에 따라 광고의 효과가 다르다.
- 최종시점 변경이 어렵다.

(3) **직접우편**(Direct Mail; DM)

잠재적 소비자에게 직접 우편으로 우송하는 인쇄물(예, 팸플릿, 카탈로그, 브로슈어, 서신, 전단)이나 견본을 의미한다.

① **직접우편 광고의 장점**

- 지역 및 인구통계학적 특성에 의한 표적대상의 선택이 가장 높은 매체이다.
- 시기와 빈도를 조절할 수 있다.
- 광고물의 크기, 색, 형태에 제한이 없다.
- 경쟁광고로부터 방해받지 않아서 수신자의 주의를 끌 수 있다.
- 수신자에게 친밀감을 준다.
- 보존성이 높다.

- 직접적인 반응을 요구하는 광고인 경우, 효과의 측정이 용이하다.

② **직접우편 광고의 단점**

- 직접우편물을 환영하지 않을 경우, 주목성이 떨어진다.
- 우편요금, 인쇄, 고객명단의 획득을 고려할 경우, 노출당 비용이 높다.
- 최종시점 변경이 어렵다.

4) 장소매체

(1) 옥외매체

광고를 게시하는 공간이 건물의 외부이며 포스터, 광고탑[64], 간판, 벽면, 네온사인, 현수막, 애드벌룬[65] 등의 다양한 형태를 지니고 있다.

① **옥외광고의 장점**

- 지역적 선택성이 매우 높다.
- 포스터는 한 지역 내에서도 여러 곳에 부착할 수 있어서 반복성이 높으며, 이에 따라 제품 회상도도 높다.
- 라디오, 신문, 잡지에 비해 노출당 비용이 저렴하다.
- 대형 크기, 색상, 조명 등으로 인해 잠재고객의 주의를 끄는 데 효과적이다.[66]
- 단순한 메시지로 인지도 증대에 기여한다.

② **옥외광고의 단점**

- 메시지의 길이가 제한을 받는다.

---

64) 옥외에 높은 탑을 설치하는 것으로 주로 상품명이나 점포명을 적어 놓는 것이 많다.
65) ad balloon : 기구 등에 광고물을 매달고 공중에 띄워서 대중의 시선을 끄는 광고를 말한다.
66) 옥외광고물의 크기가 지나가는 사람들의 주의를 끄는 데에 기여한다.

- 경쟁 옥외광고물과 주변 환경으로 인해 사람의 관심을 집중시키는 데에 한계가 있다.
- 대중적이어서 특정 소비자집단에게 접근하기에는 한계가 있다.
- 제한적인 노출지역으로 인해 노출대상은 목표고객의 일부분일 뿐이다.
- 출퇴근하면서 매일 동일한 광고를 보는 사람은 싫증을 느낄 수 있다.

(2) 교통매체

택시, 버스, 지하철 등과 같은 교통수단의 내외부와 공항, 지하철역, 버스 정류장 등과 같은 장소를 의미한다.[67]

① 교통 광고의 장점

- 지역적 선택성이 높다.
- 교통수단을 이용하는 사람들이 많아 보급률이 높다.
- 출·퇴근 또는 장시간 이동으로 인해 반복성이 높다.
- 노출당 비용이 저렴하다.
- 교통수단의 외부를 완전히 사용할 경우, 주목성이 높다.
- 점포방문이 용이한 소비자에게 영향을 미칠 수 있다.

② 교통 광고의 단점

- 옥외광고와 유사한 단점을 갖고 있다.

(3) 스포츠경기매체

광고물을 게시하는 공간이 스포츠 경기장이며 그라운드, A 보드, 입장권, 전광판, 프로그램책자 등을 통해서 광구문구가 관람자에게 노출된다.

67) 공항, 지하철역, 버스 정류장은 옥외광고로 취급할 수 있으나, 택시, 지하철, 버스의 내부는 옥외광고로 취급할 수 없으므로 교통수단매체는 별도의 매체로 분류된다.

① 스포츠경기매체의 장점

- 지역적 선택성이 높다.
- 특정 소비자집단에게 접근할 수 있다.
- 일정시간에 참여(관람)되므로 광고의 반복성이 높다.
- 방송될 경우, 노출시간에 비해 비용이 저렴하다.
- 스포츠경기장에서 노출되는 일부 광고는 시청자의 회피가 비교적 어렵다.
- 관람자가 우호적인 자세를 가지고 있을 때 노출되기 때문에 광고에 대한 반응이 긍정적이다.

② 스포츠경기매체의 단점

- 메시지의 길이가 제한을 받는다.
- 경쟁 광고물과 행사진행으로 인해 소비자의 관심을 집중시키는 데 한계가 있다.
- 적시 광고가 어렵다.

(4) 구매시점(Point of Purchase) 광고

이미 점포를 방문하고 있는 소비자에게 특정 제품에 대한 정보를 제공하는 매체이며, 창문진열, 벽면진열, 제품받침대, 시청각 진열 등의 형태를 지니고 있다.

① 구매시점의 장점

- 방문자의 구매동기를 환기 또는 강화할 수 있다.
- 과거에 노출된 다른 매체의 광고물을 회상하도록 도와준다.

② 구매시점의 단점

- 구매시점 광고물의 위치에 따라 효과가 다르다.
- 여러 구매시점 광고들이 있기 때문에 고객의 주의를 끄는 데에 한계가 있다.

5) 기타 매체

(1) 선물증정(노벨티 : Novelty) 광고

달력, 수건, 볼펜, 메모지 등 일상생활이나 업무수행에 유용한 품목에 광고주의 상호 및 전화번호를 새겨 배포하는 것을 의미한다.

① 선물증정 광고의 장점

- 광고의 수명은 증정품의 품목에 따라 다르다.
- 특정 소비자 집단에게 접근할 수 있다.
- 장래 구매에 기여한다.
- 거래에 대한 감사의 뜻을 전달할 수 있다.

② 선물증정 광고의 단점

- 긴 메시지를 전달하기 어렵다.
- 증정품의 품목과 품질에 따라 노출당 비용이 달리 적용된다.
- 최종시점 변경이 어렵다

(2) 전화번호부

업종별로 가입자의 상호와 전화번호 그리고 간단한 광고를 게재하는 책자이다.

① **전화번호부의 장점**

- 지역적 선택성이 높다.
- 많은 사람들이 집에서 보관 및 사용하고 있다.
- 수명이 통상 1년이라 비교적 길다.
- 구매의사가 있는 고객에게 구매업체를 필요한 순간에 알린다.

② **전화번호부의 단점**

- 다음 호 발행까지 광고를 수정할 수 없다.

6) 인터넷매체

광고물을 게시하는 공간이 인터넷이며, 광고는 배너광고와 검색광고[68]의 형태를 가지고 있다.

① **인터넷의 장점**

- 전 세계적으로 광고할 수 있다.
- 메시지 전달이 시간과 공간을 초월한다.
- 제공할 수 있는 정보의 양이 무제한적이다[69].
- 대형포털이나 전문포털의 보급률이 높다.
- 특정 소비자 집단뿐만 아니라 개인[70]에게 접근할 수 있다.
- 검색광고의 경우, 정보를 원하는 사람, 즉 광고주의 서비스를 이용할 가능성이 높은 잠재적 소비자에게만 노출된다.
- 비교적 저렴하다[71].

---

68) 포털사이트에서 검색어(keyword)로 검색을 하면 관련광고주 목록이 화면 상단에 나타나는 방법이다.

69) 광고로 인해 해당기업의 웹사이트에 접속할 경우이다.

70) 이메일 마케팅으로 가능하나, 최근에 들어 모바일 마케팅이 더 선호되고 있다.

71) 광고유형과 이용사이트에 따라 비용차이가 있다. 대형 또는 전문 포털에게 배너광고 위

- 상호작용성에 의해 제품 문의 또는 주문이 즉시 가능하다.
- 시청각 효과가 있다.

② 인터넷의 단점

- 배너 광고의 경우, 광고가 많아서 주목성이 비교적 낮다.
- 검색광고의 경우, 검색어의 변경이 불가능하다.
- 검색광고의 경우, 광고비를 올리기 위해 의도적으로 '클릭' 횟수를 증가시키는 경우가 있다[72].
- 정액을 지불하는 배너 광고의 경우, 효과가 없어도 광고를 중단할 수 없다.
- 대형 포털이나 전문 포털이 아닌 경우 방문자 수는 비교적 낮다.
- 이메일 광고보다 모바일 광고가 선호되고 있다.

해 지불해야 하는 일정액은 비교적 높다. 또한 검색광고는 광고주의 사이트 방문에 따라, 즉 클릭 당 비용을 지불하는데(Cost per click(CPC) 방식), 경쟁하는 광고주들이 서로 원하는 가격으로 입찰해서 가격을 가장 높게 책정한 광고주가 가장 상위에 노출되기 때문에 비용 역시 적을 수도 있고 클 수도 있다. 한편, 지식in, 카페 및 블로그를 이용한 광고는 비교적 저렴하다.

72) 클릭 이후 광고주가 원하는 행동(예, 회원가입, 이벤트참가 등)을 취한 경우에만 요금이 부과되는 CPA(Cost Per Action) 방식으로 발전하였다.

21 광고효과 측정방법

21-1. 광고효과란?

광고가 대상의 인지반응, 감정반응 또는 행동반응에 미치는 긍정적 영향을 의미하며, 반복노출 후 측정가능하다.

21-2. 광고효과를 측정하는 이유

1) 광고목표의 달성여부를 확인
2) 광고에 대한 피드백을 통해 다음의 의사결정에 도움을 제공
   - 계속 할 것인가?
   - 미디어 믹스를 바꿀 것인가?
   - 타이밍을 바꿀 것인가?
   - 다시 만들 것인가?
3) 광고의 비용-효과 분석을 실시
4) 광고지출의 정당화 위한 근거자료를 마련

21-3. 인지반응의 측정방법

1) 도달률 측정방법

① TV의 시청률 측정

표본가구의 모든 구성원으로 하여금 TV 시청 시 특수 전자장치로 연결되고 해당자를 식별하는 버튼을 누르도록 하는 피플미터(People Meter)를 이용하여 조사한다.

② 인쇄매체의 발행 부수를 토대로 추정한다.

③ 배너광고의 경우, 삽입 사이트의 방문자 수를 측정하고, 검색광고의 경우, 검색 사례수를 측정한다.

2) 주의 측정방법

① 특수 장치를 이용하여 안구의 움직임을 추적한다.

② 기억을 하면 주의를 기울였다고 가정하고 광고에 대한 기억을 측정한다.

③ 고객에게 어느 광고를 보고 왔는지를 물어본다.

3) 기억 측정방법[73)]

(1) 상표인지도와 광고인지도의 측정

① **회상(recall) 검사** : 기억하는 광고를 말하도록 하는 방법으로 보편적으로 사용되고 있다. TV 광고의 경우, 보편적으로 day-after-recall(DAR) 면접을 실시한다. 이는 광고가 나간 후 24시간 이내 응답자의 인구통계학적 특성, 시청프로그램, 광고 회상 여부, 광고 회상 시 기억하는 요소 등에 대해 알아보는 것이다. 유의할 점은 감성에 호소하는 광고보다 이성에 호소하는 광고에 대한 회상률이 높으며, 응답자의 구매경험에 따라 회상률에 차이가 있을 수 있다.

② **재인식(recognition) 검사** : 여러 광고 중 시청한 광고를 고르게 하는 방법이다. 이 검사에 대해 유의할 점은 일상적인 용어를 사용하는 광고는 회상이 쉽지만 재인식이 어려운 반면, 일상적인 용어를 사용하지 않는 광고는 재인식이 쉽지만 회상은 어렵다.

③ 상표명의 일부분 그리고 광고가 짧을 경우, 광고메시지의 일부분만 제시하고 조사대상자로 하여금 전체를 말하도록 한다.

---

73) 회상은 주관식, 재인식은 객관식 문제와 유사하다.

(2) 이해력의 측정

① 상표의 주요 속성에 대한 이해력을 측정한다.
② 전달자가 의도한 데로 메시지가 전달되었는지를 조사한다.

(3) 설득력의 측정

① 광고메시지의 주장에 대하여 반대, 의심 또는 찬성하는 내용을 알아본다.[74]
② 척도를 개발하여 제품속성들에 대한 응답자의 신념을 알아본다.

21-4. 감정반응의 측정방법

1) 상표태도와 광고태도의 측정

① 평정척도를 이용하여 응답자의 선호도를 알아본다.
② 평정척도를 이용하여 주요 속성들의 가치를 평가하도록 한다.
③ 의미변별 척도(semantic differential scale)를 이용하여 선호도 또는 속성 가치를 측정한다.

> 의미변별 척도는 아래와 같이 대상을 묘사하는 양극적 형용어구로 구성한 7점 척도로서 응답자들이 대상에 대한 자신의 태도를 나타내는 위치를 표시하도록 요구한다.
>
> 선호도 : 마음에 든다 - - - - - - - 마음에 들지 않는다
> 속성가치 : 내구성이 강하다 - - - - - - - 내구성이 약하다

④ **스테이펠 척도**(stapel scale)**를 이용하여 속성가치를 측정한다.**
스테이펠 척도는 대상을 묘사하는 단극적 형용어구에 대하여 +5점부터 -5점에 이르는 10점 척도로 구성되어 있어서 태도의 방향과 강도를 측정하여 준다.

---

[74] 감성에 호소하는 광고에 적절하지 않다.

2) 상표이미지와 기업이미지의 측정방법

① 의미변별 또는 스테이펠 척도를 이용하여 이미지를 측정한다.
   예) 이미지 : 혁신적이다 - - - - - - - 모방적이다

② 상표를 사용할 인물을 기술하도록 한다.

3) 심리반응의 측정방법

광고노출 시 소비자의 동공확장, 맥박, 혈압, 긴장도 등을 측정하는 방법으로 이용되는 경우가 매우 드물다.

21-5. 행동반응의 측정방법

1) 구매의도의 측정

광고에 노출시킨 후 구매할 기회가 생긴다면 특정 상표를 선택할 확률을 질문한다.

2) 쿠폰 회수율의 측정

① 신문광고의 경우, 할인 쿠폰을 제공하여 회수된 쿠폰 수를 센다.

② 두 집단 중 한 집단에게만 광고를 보여주고 각각의 구성원에게 가까운 곳에서 사용할 수 있는 쿠폰을 나누어주고 사용률을 조사한다.

3) 온라인 광고로 인한 광고주 웹사이트의 접속률, 체류시간, 페이지 이동수, 가입, 재방문율 또는 구매전환율 등을 측정한다.

4) 소비자의 반응을 요구하는 직접우편 광고의 경우, 구매전환율을 측정한다.

5) 광고로 인한 매출액 측정[75]

소비자의 제품구매는 광고 이외에 가격, 필요성, 구매력, 경쟁자 활동 등에 의해 영향을 받으며 현재의 매출은 주로 과거의 광고에 의한 것이기 때문에 측정이 어렵다.

22 인적판매

22-1. 인적판매(Personal Selling)란?

인적판매는 잠재적 소비자와의 대면(대면 마케팅) 또는 전화통화(텔레마케팅)로 메시지를 직접 전달하는 대인적 커뮤니케이션 방법으로 대인판매라고도 하며, 최근에는 인터넷 기술을 이용하여 채팅[76]으로도 이루어지고 있다.

22-2. 인적판매의 분류와 목적[77]

1) 대면마케팅

① 기업의 판매원이 다른 기업의 구매 담당자와 대면

② 기업의 판매원이 일반 소비자와 대면

---

75) 판매효과를 측정하는 이 기준과 달리, 인지, 회상, 태도, 신념, 구매의사 등은 광고의 커뮤니케이션 효과를 측정하는 것이다.

76) 판매 목적보다 비판매 목적의 경우에 해당한다.

77) 대면마케팅의 목적은 아웃바운드 텔레마케팅의 목적과 유사하다.

2) 텔레마케팅

① **인바운드 텔레마케팅** : 잠재적 소비자로 하여금 필요시 텔레마케터에게 무료로 전화할 수 있도록 하는 것을 의미하며, 목적은 주문수령, 문의 및 상담을 용이하게 하기 위해서이다.

② **아웃바운드 텔레마케팅** : 텔레마케터가 잠재적 소비자에게 전화를 거는 경우를 의미하며, 목적은 소비자의 구매유도, 정보제공 및 정보획득이다.

22-3. 인적판매가 적합한 제품

대중적이지 않으므로 구매에 대한 설득이 필요한 제품, 전문 서비스 제품, 첨단기술로 만들어진 제품, 자세한 설명이 필요한 제품, 그리고 사용방법과 효과를 시연할 필요가 있는 제품에 바람직하다. 또한 재정력이 부족하여 대중적으로 광고하는 것이 어려운 소규모의 기업에게도 적합하다.

22-4. 대면마케팅의 장단점

1) 장점

① 각각의 소비자에게 맞춘 메시지를 전달할 수 있다.

② 소비자의 피드백을 즉시 받을 수 있다.

③ 소비자의 제품에 대한 질문을 즉시 답하여 줄 수 있다.

④ 소비자의 반응에 대응할 수 있다.

⑤ 고객의 욕구와 경쟁자의 마케팅 활동에 대한 정보수집이 가능하다.

⑥ 제품의 강약점에 대한 정보수집이 가능하다.

⑦ 판매가 목적일 경우, 효과측정이 용이하다.

2) 단점

① 광고만큼 많은 대중에게 접근할 수 없다.

② 소요시간 때문에 방문당 비용이 광고보다 높다.
③ 대상이 일반 소비자일 경우, 거절당하는 비율이 높다.
④ 대본이 얼마나 잘 작성되었는가에 따라 효과에 차이가 있다.
⑤ 판매량은 소득과 승진으로 연결되어 있어서 비윤리적으로 행동하는 판매원이 있다.
⑥ 비윤리적인 판매원으로 인해 인적판매를 경계하는 사람들이 있을 뿐만 아니라 해당 기업의 이미지가 악화될 수 있다.

22-5. 텔레마케팅의 장단점

1) 장점

① 대면마케팅의 장점을 모두 가지고 있으나, 아래 두 가지 장점이 추가된다.
② 대면마케팅에 비해 더 많은 고객을 접근할 수 있다. 이는 이동이 불필요해서 고객의 지역적 범위를 더 넓힐 수 있기 때문이다.
③ 세일즈맨의 인건비, 교통비, 접대비 등을 절감할 수 있다.

2) 단점

① 대면마케팅의 단점을 모두 가지고 있다.

22-6. 인적판매 과정

기업에 따라 약간의 차이가 있지만 보편적으로 인적판매 과정은 다음과 같다.

단계 1 : 잠재적 소비자와 그들의 가능한 구매량을 파악한다.

잠재적 소비자는 현재 고객에 의해 제품에 관심을 가지고 있을 것으로 추정되는 사람, 전시회에서 관심을 보였던 사람, 과거에 문의한 사람, 그리고 단순히 고소득자일 수 있다. 또한 기타 방법으로 잠재적 고객에 대해 확보한 데이터베이스를 활용하여 파악할 수 있다.

단계 2 : 잠재적 소비자에 대해 조사한다.

접근 이전의 준비과정으로 접근 대상에 대해 조사를 해야 하는데 흔히 그 대상은 기업이기 때문에 정보수집이 용이하다. 정보수집 과정에서는 잠재적 소비자를 접근하기가 가장 좋은 시기와 시간까지 파악하는 것도 중요하다.

단계 3 : 잠재적 소비자를 접근하고 그들의 필요와 욕구에 대해 듣는다.

이 단계는 잠재적 소비자의 주의를 끌고 관심을 유도하는 것뿐만 아니라 그들의 욕구를 파악하기 위해 첫 접촉을 시도하는 것을 의미한다. 자기소개, 기업소개 및 제품소개를 할 때에는 좋은 인상을 줘야 하며, 잠재적 소비자의 필요와 욕구는 주의 깊게 듣고 적절하게 반응해야 한다.

단계 4 : 잠재적 소비자에게 제품에 대해 발표한다.

잠재적 소비자에게 구체적인 정보를 제공하는 것으로 판매원의 활동이 대면마케팅인가 아니면 텔레마케팅인가를 구분한다. 어느 형식으로 발표하든간에 발표자는 열성적이어야 하며, 제품의 특징보다 잠재적 소비자의 필요에 부응할 수 있는 제품의 효익에 초점을 두어야 한다. 또한 제품에 대한 질문을 충분히 대답할 수 있기 위해 제품에 대한 풍부한 지식을 가지고 있어야 하며, 적절한 질문을 통해 대화의 방향을 조절할 수 있어야 한다.

단계 5 : 잠재적 소비자의 부정적 반응에 대응한다.

잠재적 소비자가 부정적으로 인지할 부분을 미리 예상하고, 재치있게 대응할 수 있어야 한다. 보편적으로 사용되는 방법 중 하나는 "네...그렇지만"으로 대응하는 것이다. 여기서 판매원은 소비자가 언급하는 부정적인 부분을 인정하고 긍정적인 부분을 인지시키는 것이다. 다른 대응방법은 협상을 하는 것이다. 이외 다른 대응방법에 대한 교육훈련은 자신감을 증대시킬 것이다.

단계 6 : 잠재적 소비자에게 주문할 기회를 제공한다.

세일즈맨은 접촉시간을 통해 잠재적 소비자의 필요에 대해 알아낸 점들을 요약한 다음, 잠재적 소비자의 공급 또는 가격에 대한 질문, 특정 부분에 대해 명료하게 이해하려는 태도, 주의와 머리 끄덕임과 같은 바디 랭귀지를 근거로 잠재적 소비자에게 주문할 의사가 있는가를 질문해야 한다.

단계 7 : 판매 후 일정기간이 지나면 고객을 다시 접근해야 한다.

판매원은 제품이 적시에 배달되었으며 제대로 작동하는지를 확인해야 한다. 이 때 사용방법에 대한 질문을 받고 유의사항을 강조해야 한다. 또한 제품에 대한 만족도를 확인하고 제품에 관심 있어 할 다른 사람의 소개를 부탁해야 한다. 무엇보다도 이러한 과정은 기업이미지 향상과 장기적인 관계유지에 기여한다.

22-7. 인적판매 접근방법[78)]

1) 좋은 명단을 확보한다.
2) 접근성을 높인다.
3) 데이터베이스 검색을 통해 전화 거는 고객을 알아볼 수 있도록 한다.
4) 텔레마케팅 대행사를 이용하지 않는다. 판매가 이루어질 경우에만 보

78) 인적판매 유형에 따라 세부 접근방법들이 해당하지 않을 수 있다.

상을 받는 텔레마케터는 강압적으로 행동하거나 중간에 전화를 끊어버리는 행동으로 기업의 이미지를 부정적 영향을 미칠 수 있다.

5) 메시지를 전달하기 전에 통화하기 좋은 시간인지 확인하도록 한다.
6) 소비자가 바쁠 경우, 다시 걸을 수 있는 시간을 확인하도록 한다.
7) 기존 소비자와 새로운 소비자를 위해 각각 다른 전략과 대본을 이용한다.
8) 잠재적 소비자의 욕구나 문제해결에 초점을 두고 메시지를 전달하도록 한다.
9) 거짓 정보, 오해할 수 있는 정보, 과장된 정보를 제공하지 않는다.
10) 고객 또는 경쟁자에 대해 정보를 획득하고 보고하도록 한다.
11) 광고로 활동을 지원한다.

22-8 판매원 관리

1) 선발

① 직무분석을 통해 판매원이 갖추어야 할 요건들을 파악하고, 요건을 갖춘 사람을 선발한다.
② 제품에 대한 만족도가 높은 기존의 고객을 판매원으로 활용한다.

2) 판매원 교육

① 자신감과 열성을 가지고 공손하고 친절하게 소비자를 대하도록 한다.
② 적절한 크기, 속도와 음률변화를 나타내도록 목소리 훈련을 제공한다.
③ 대본을 읽지 않아도 메시지를 전달할 수 있도록 한다.
④ 상대방의 말에 주의를 기울이고 적절하게 반응하도록 한다.
⑤ 부정적 인지사항에 대한 대처방법에 대해 교육훈련을 제공한다.
⑥ 잠재적 소비자에게 구매의사가 있다는 단서를 알아볼 수 있도록 한다.

3) 판매원 동기부여과 보상

① 목표치와 성과평가 방법[79]을 인지시킨다.

② 판매원과 관리자 간의 의사소통이 필요하다.

③ 성과평가의 결과에 상이 하는 보상[80]을 제공한다.

④ 보상은 합당하고 공정해야 한다.

23 판매촉진

23-1. 판매촉진이란?

구매를 유도하기 위해 최종 소비자 또는 중간상인(도매상인, 소매상인)에게 부가가치를 제공하는 유인책을 의미한다.

23-2. 사용 적합한 제품

가격탄력성이 높고 브랜드 충성도가 낮은 제품에게 효과적이다.

---

79) 성과평가는 주문 수, 판매액, 신규고객 수, 재구매 고객 수, 고객만족도, 방문(전화) 횟수, 상담 횟수, 작업일수, 비용 등 다양한 기준에 의해 이루어질 수 있다.

80) 보상은 현금, 선물, 인정, 승진 등 다양한 형태를 가질 수 있으며, 현금은 금전적 안정을 주는 봉급과 인센티브를 주는 성과급을 혼합한 혼합제를 토대로 지불하는 것이 바람직하다.

23-3. 판매촉진의 목적

활동유형에 따라 차이가 있으나, 전체적으로 목적[81]은 다음과 같다.

1) 신제품의 판매를 증대

① 중간상인의 취급 유도

② 신제품의 인지도 증대

③ 소비자의 시용 유도

2) 수요가 탄력적인 시장을 침투

인상한 가격은 다시 인하할 수 있지만 인하한 가격은 다시 인상하기 어려우므로 가격인하 이외의 방법으로 제품을 저렴하게 구매할 수 있도록 하면 아래와 같은 효과를 얻을 수 있다.

① 성장기 단계에서 새로운 소비자의 구매를 유도

② 성숙기 단계에서 경쟁상품 구매자의 상표전환을 유도

③ 기존 소비자의 구매량이나 구매빈도를 증가

3) 현 고객을 유지

① 고객 보상

② 반복구매 유도

③ 고객 충성도 증대

4) 수요의 탄력정도를 조사

5) 경쟁자의 판촉활동에 대응

6) 가격인하로 저 품질의 제품으로 인식되는 것을 회피

---

81) 판매촉진의 장점이라고도 할 수 있다.

7) 재고회전

8) 판촉활동을 위해 재고를 비축하게 함

9) 다른 촉진활동 노력을 지원

10) 특별한 시기에 맞춰 특별 시장을 표적

11) 광고에 주의를 유도

12) 단기간 성과를 올림

23-4. 소비자 중심적 판매촉진 유형

푸시(Push) 촉진전략은 잠재적 소비자를 대상으로 제품을 촉진하는 활동으로 아래와 같은 다양한 판매촉진 활동들을 포함한다.

1) 견본

샘플을 제작하여 무료로 제공하는 것이다.

① **조건** : 제작비용이 낮으며 소량으로 상품의 특성과 편익을 충분히 확인할 수 있고 구매주기가 짧은 제품에 적합하다.

② **장점** : 신제품이거나 인지도가 낮은 제품의 시용을 유도하는데 가장 효과적이다.

③ **단점** : 경쟁제품에 대해 만족하고 있는 소비자의 상표전환을 유도하는 데에는 한계가 있다.

2) 쿠폰

쿠폰에 표시된 일정액 또는 일정비율을 정가에서 할인하여 판매하는 것이다[82].

82) 제품당 할인하는 쿠폰도 있지만 얼마 이상 구입할 경우 할인하여 주는 쿠폰이 있다.

① **장점** : 가격에 민감한 소비자의 구매량과 구매빈도를 증가시킬 수 있다. 또한 잠재적 소비자의 신제품 사용, 신규 소비자의 기존제품 사용(=상표전환)[83], 그리고 현 고객의 반복구매를 유도할 수 있다.

② **단점** : 쿠폰발행에 많은 비용(제작, 배포[84], 취급)이 들며, 회수율은 감소하고 있다. 또한 쿠폰 사용자의 인원수와 사용 시기를 추정하는 데에 한계가 있으며, 신규 소비자보다 현 고객이 더 많이 사용하고 있다.

3) 프리미엄

제품구매, 판매원의 시연 허락, 또는 특정한 양식에 내용을 기입하는 행동 등을 유발하기 위하여 증정하는 선물이다.

① **무료 프리미엄** : 무료로 선물을 증정한다.

② **본인 부담 프리미엄** : 무료로 선물을 증정하고 소비자로 하여금 배송료를 지불하도록 한다.

4) 특별행사

각종 행사장에서 부스를 설치하여 제품을 전시, 시연 및 판매하는 활동이다.

5) 콘테스트(경연)

특정 임무를 수행하는 소비자에게 상품을 획득할 수 있는 기회를 제공하는 것이다. 그 예로 길거리 농구대회에서 '자유투 경연대회'를 개최하는 것을 들 수 있다.

① **장점** : 비용은 상품액수에 따라 차이가 있지만 비교적 적다.

② **단점** : 특정 능력을 가지고 있어야 하기 때문에 참여자수가 제한적이다.

---

83) 시용 후 만족하면 반복구매를 할 수 있으나 불만족하면 구매를 회피할 수 있다.

84) 여러 상표에 사용할 수 있는 공동쿠폰을 만들거나 온라인 쿠폰을 이용하여 비용을 감소시킬 수 있다.

6) 추첨

운에 의해 선정된 사람에게 상품을 제공하는 것으로, 일반 추첨행사뿐만 아니라 스크래치 카드도 포함되며 참가자는 특정 조건을 갖추어야 할 수도 있고 아닐 수도 있다.

① **장점** : 참가율이 콘테스트보다 더 높아서 참가자 1인당 비용이 더 낮다.

② **단점** : 상금이나 상품에는 관심을 가지면서 행사를 주최하는 기업에게 관심을 가지지 않는 참여자들이 있다.

7) 리베이트

구매 증거(예, 영수증)를 제출하면 구매가격의 일부를 되돌려 주는 것이다.

① **장점** : 가격에 민감한 소비자의 상표전환과 현 고객의 재구매를 유도할 수 있다. 또한 미래에 구매할 제품을 더 빨리 구매하도록 영향을 미칠 수 있다.

② **단점** : 상환이 오래 걸리고 구매 증거와 함께 일정한 양식에 기입한 내용을 우편으로 보내야 하는 번거로움이 있어서 소비자의 구매를 유발하는데 한계가 있다.

8) 보너스 팩과 밴디드(banded)[85] 팩

보너스 팩은 정가로 제품을 구매하는 소비자에게 표준 양보다 더 많은 양을 무료로 제공하는 것이며, 밴디드 팩은 1개 제품의 가격에 2개 이상의 유사 제품을 제공하는 것이다. 여기서 밴디드 팩은 한 명의 입장료로 두 명의 입장을 허락하는 것을 예로 들 수 있다.

① **장점** : 소비자는 번거로움 없이 혜택을 받을 수 있다.

② **단점** : 현 고객에게 가치를 제공하지만 경쟁상표 고객의 상표전환을

85) 일대, 그룹, 무리 등을 의미한다.

유도하는 데에는 한계가 있다. 또한 대량으로 제품을 구매하고 진열할 수 있는 점포에 더 효과적이다.

9) 패키지

서로 연관되는 이질의 제품을 결합시켜서 한 묶음으로 제공하는 것으로, 각각의 제품을 개별적으로 구매하는 것보다 더 저렴하다. 예를 들어, 스키장은 셔틀, 리프트, 장비대여, 숙소, 식사 등 몇 가지 서비스를 묶은 다양한 패키지를 제공해오고 있다.

① **장점** : 소비자의 정보탐색과정을 단순화 한다.

② **단점** : 소비자의 선택권이 감소한다.

10) 가격할인

가격을 단순히 할인하여 판매하는 것이다. 특히 신제품, 이월상품, 비수기 계절상품, 재고가 많은 제품, 가격이 탄력적인 제품, 유인가격[86]으로 책정할 제품에 적합하다. 또한 특별한 날(예, 개장 2주년 기념일, 발렌타인 데이, 수능시험 등)에 맞추어 특정 대상에게 제공될 수도 있다. 유의할 점은 가격할인은 크게 하는 것이 효과적이다.

① **장점** : 소비자의 구매를 유도할 수 있다. 유인가격 제품은 특히 점포의 타 제품의 구매까지 유도할 수 있다.

② **단점** : 가격할인만으로 신규 고객의 구매를 유도하는 데에 한계가 있다.

11) 반환

소비자로 하여금 신제품의 정가보다 더 적은 값을 지불하고 기존 제품을 신제품과 바꿀 수 있도록 하는 것으로, 기존제품의 개선부분에 소비자의 주의를 끌기 위한 방법으로 적합하다.

---

86) 유인가격에 대한 설명 → 107쪽

12) 보증/환불

제품에 대해 만족하지 않으면 지불한 금액을 전부 돌려주겠다고 약속하는 것으로, 제품 특히 신제품의 품질에 대한 신뢰성을 높인다.

13) 포인트 적립 또는 로열티 프로그램

제품구매 시 점수를 가산하고 일정한 점수에 도달하면 선물(프리미엄)을 제공하는 것으로 반복구매 하는 고객에게 혜택을 주는 것이다. 장점은 반복구매 유도, 구매빈도 증대 및 충성도 증대이다.

14) 연계촉진(tie-in)

두 개 이상의 기업이 협력하여 판매촉진 활동을 하는 것이다. 그 예로 2009년 시즌에 스포츠토토와 모바일 프로야구 게임 컴투스가 프로야구 경기의 승부를 맞히는 이벤트를 공동으로 진행한 것을 예로 들 수 있다.

23-5. 중간상인 중심적 판매촉진 유형

풀(Pull) 촉진전략은 중간상인을 대상으로 제품을 촉진하는 활동으로, 아래와 같은 다양한 판매촉진 활동들을 포함한다.

1) 박람회

박람회에서 잠재적 고객에게 기업의 제품을 전시, 시연 및 판매하는 것으로 장점은 제품에 대해 관심 있는 사람들이 방문하며, 잠재적 소비자와 경쟁자에 대한 정보수집이 용이하다는 것이다.

2) 공제

① 구매공제 : 일정기간에 주문을 하거나 대량으로 구매할 때 가격을 할인한다.

② **촉진공제** : 특별전시, 판촉활동, 광고 등으로 상표를 지원할 때 가격을 할인한다.

③ **진열공제** : 신제품 위해 진열공간을 확보해 줄 때 가격을 할인한다. 이러한 공제가 필요한 이유는 상점의 진열공간은 한정되어 있고 신제품의 판매율이 비교적 낮기 때문이다.

3) 푸시머니

진열공제와 비슷하나 신제품을 지속적으로 제공한다는 조건이 따른다.

23-6. 판매촉진의 단점

1) 경쟁자가 쉽게 대응할 수 있다.
2) 상점의 혼잡성에 기여한다.
3) 빈번한 할인활동은 소비자로 하여금 가격에 대해 더 민감해지도록 하며, 다음 할인활동을 기다리게 한다.
4) 고품질 제품의 이미지를 저하시킬 수 있다.
5) 단기간 성과를 중시하는 경영을 유도한다.
6) 재고관리 비용을 증대한다.
7) 방법이 다양해서 선택이 어려울 수 있다.
8) 새로운 고객의 구매를 유도하는 데에는 한계가 있다.

23-7. 판매촉진의 성장이유

1) 대량으로 구매하는 대규모 체인 소매점이 늘어나면서 협상 힘이 그들에게 기울어졌고 이에 따라 그들이 공제를 요구하게 되었다.
2) 소비자들이 가격 또는 가치를 더 중시하게 되었다.
3) 판매촉진 활동의 효과인지로 인해 기업의 판매촉진 예산이 증대하였다.

4) 지속적인 신제품의 출시로 인해 시용을 유도하는 활동이 활발해졌다.
5) 단기간 이익을 중시하는 경영자들이 많다.

23-8. 판매촉진 시행계획의 수립

어떠한 계획이든 사전에 시험을 하면 그 만큼 위험부담이 줄어든다. 판매촉진에 대한계획도 예외는 아니다. 시험방법으로 특정지역의 고객을 상대로 몇 가지 판매촉진 수단들을 시행하고 그 효과를 평가할 수 있다.

23-9. 다른 촉진방법의 지원 역할

판매촉진은 아래와 같이 다른 커뮤니케이션 수단들과 병행하여 사용하면 더 효과적이다.

1) 대중에게 판촉활동에 대해 알리는 광고를 실시한다.
2) 쿠폰을 인쇄매체, 직접우편 또는 온라인 광고물 통해 배포한다.
3) 박람회 또는 특별행사에서 브로슈어를 배포한다.
4) 박람회 또는 특별행사에서 광고물품을 증정한다.
5) 쿠폰을 구매시점 광고 전시물과 함께 비치한다.
6) 인적판매 시 프리미엄을 미끼로 잠재적 소비자의 시간할애를 받는다.

24 홍 보

24-1. 홍보의 정의

홍보(Publicity)는 특정 대상에 대해 인쇄[87], 방송 또는 인터넷 매체에서 이루어지는 무료 노출이며, 홍보관리는 이러한 노출을 얻기 위한 노력들이라 할 수 있다.

단순히 알리는 것은 홍보가 아니다!

특정 대상에 대해 많은 사람들에게 알리는 의미로 '홍보'라는 말을 사용하는 사람이 많은데, 엄밀히 사람이 사람에게 구두로 전하는 메시지는 '구전(word-of mouth)'이다. 비록 구전은 무료노출이지만 인쇄, 방송 및 인터넷 매체에서 이루어지지 않기 때문에 홍보라 할 수 없다.

신문사에게 특정 대상에 대해 알리는 행위도 홍보라 할 수 없다. 이 같은 행위는 PR활동에 속한다. 전달한 메시지로 인해 신문에 관련 뉴스, 논설 혹은 기사가 나왔을 때에만 비로소 홍보가 이루어졌다고 할 수 있다.[88] 줄내림 많은 사람에게 알린다는 측면에서 홈페이지를 이용한 단체소개와 포스터를 이용한 행사안내도 홍보자료로 착각되는 경향이 있는데 홈피 운영은 PR활동에 속하고 포스터 제작은 광고활동에 속한다.

24-2. 홍보대상

홍보대상은 사람, 단체/기업, 상품/서비스, 이벤트, 예술작품 등을 포함한다.

87) 인쇄매체는 각종 신문과 잡지뿐만 아니라 타 기업의 사보도 포함한다.
88) 홍보를 PR로 혼동하는 이유 → 157쪽

24-3. 홍보와 광고의 차이[89]

두 가지 촉진방법은 인쇄, 방송 및 인터넷 매체에서 이루어지는 노출이라는 공통점이 있지만, 아래와 같은 차이를 가지고 있다.

1) 광고는 유료노출이고 홍보는 무료노출이다.
2) 광고는 내용이 통제 가능하나 홍보는 메시지가 통제 불가능하다. 왜냐하면 홍보는 정보전달자가 기업이 아닌 개인 또는 언론매체이기 때문이다.
3) 광고의 메시지는 항상 긍정적인 반면, 홍보의 메시지는 긍정적일 수도 있고 부정적일 수도 있다.
4) 광고는 반복노출이 가능하나, 홍보는 반복노출이 불가능하다.
5) 홍보는 메시지 전달자가 기업으로 지각되지 않기 때문에 광고보다 신뢰성과 설득력이 더 높다.
6) 광고는 잠재적 소비자를 대상으로 하나, 홍보는 기자와 방송인뿐만 아니라 구독자, 시청자 및 청취자를 대상으로 한다.

24-4. 홍보수단

1) 신제품, 이벤트, 조사결과, 업적, 제품편익, 승진 인물, 새로운 경영전략 등을 포함한 각종 주제에 대한 보도자료(Press Release)를 제공한다.
2) 대중의 이목을 끄는 이벤트(예, 경연대회, 시상식, 교육프로그램, 봉사활동, 무료서비스 행사 등)를 개최하고 관련 보도자료를 제공한다.
3) 청취자가 직접 전화 거는 라디오 프로그램에 참여한다.
4) 화제 거리를 만들어 미디어에서 언급하도록 한다.
5) 흥미로운 사진을 제공하고 미디어에서 사용하도록 한다.

---

89) PR와 홍보의 차이에 대한 기술 → 157쪽

6) 제품이 특정 문제를 해결해 준 또는 삶의 질을 향상시킨 이야기를 만들어서 잡지, 사보, 주간지 등에 게재한다.

24-5. 보도자료의 매력

1) 광고예산이 적은 소규모 기업이 쉽게 작성할 수 있다.
2) 매일 새로운 기사를 써야 하는 기자에게 도움이 되는 자료가 될 수 있다.

24-6. 보도자료의 필요조건[90)]

1) 뉴스성
2) 최근성
3) 시기적절성 : 현재 이슈화되고 있는 사회문제, 특별한 날/시기, 또는 인기 TV 프로그램/영화와 연관되는 것을 의미한다.
4) 흥미성
5) 정보성 : 청취자 또는 구독자에게 도움이 될 수 있어야 한다.
6) 창의성 : 아이디어 자체가 새롭지 않으면 전개방법이라도 새로우면 된다.

24-7. 보도자료의 구조와 내용

대부분은 일반뉴스의 양식으로 작성되며, 아래와 같은 내용으로 구성된다.

1) 속보

바로 보도할 수 있는 내용이라면 '속보'를 헤드라인 옆에 기입한다.

2) 헤드라인

① 기업명을 언급한다.

90) 동시에 모든 조건을 갖출 필요는 없다.

② 기사제목이 구독자의 주의를 끌고 관심을 유도해야 하듯이 보도자료의 헤드라인도 마찬가지로 기자의 주의를 끌고 관심을 유도해야 한다.
③ 본문보다 더 큰 글씨체로 진하게 쓰고 가운데에 위치시킨다.
④ 현재 동사를 사용한다.
⑤ 꾸미는 말을 피하고 키워드 중심으로 간결하게 작성한다.

3) 리드(첫) 단락

① 육하원칙을 토대로 보도자료의 핵심내용을 2~3개 문장으로 요약한다.
② 기업명을 언급한다.

4) 전체 내용

① 전문용어, 오타, 긴 문장과 단락을 피한다.
② 매체에 따라 길이를 조절한다.[91] 짧을수록 수용될 가능성이 높다.
③ 내용이 길면 소제목을 사용한다. 헤드라인 바로 밑에도 소제목이 나타날 수 있다.
④ 완성된 신문기사처럼 읽혀야 한다. 수정 및 편집할 부분이 적을수록 수용될 가능성이 높다.
⑤ 정보는 정확해야 하며 중요한 것부터 제공해야 한다. 목표매체의 공간이 부족할 경우 아래 내용을 자를 수 있도록 하기 위해서이다.
⑥ 의견과 해석은 경영자를 직접 인용하는 방식으로 기입한다.
⑦ 글의 글체, 크기 및 색상을 다양하게 하는 것을 피한다.
⑧ 직접인용이 아니라면 '나', '우리'의 표현을 사용하지 않는다.
⑨ 기업이나 제품을 선전하지 않는다.

[91] 방송매체의 보도자료는 인쇄매체의 보도자료보다 짧아야 한다.

5) 기업소개

해당 소제목의 시작으로 기업을 소개하고 웹사이트 안내로 마무리한다.

6) 면접 관심대상이 될 수 있는 사람(옵션)과 교신자의 이름과 연락처

7)

끝이라는 신호로 "###"를 마지막 라인 밑 가운데에 나타낸다.

속보

세계줄넘기대회에서 우승을 기원하는 대한민국!

러프버러, 7월 28일~오늘부터 8월 2일까지 영국의 러프버러 대학에서 열리는 제8회 세계줄넘기선수대회에서 한국줄넘기협회(jumprope.or.kr)가 선발한 국가대표 선수 어린이 5명, 청소년 14명, 그리고 성인 6명이 대교 눈높이의 후원을 받고 출전한다.

아시아선수권대회와 함께 격년제로 2년마다 열리는 세계줄넘기선수권대회는 크게 한 줄과 두 줄 부문에서 각각 개인 및 팀 스피드, 파워 및 창작줄넘기(음악에 맞춰 예술성과 기술성을 표현하는 종목)의 종목으로 구성되어 있다.

2008년 남아공 케이프타운에서 열린 전 세계줄넘기선수권대회(20개국 800여명 참가)에는 한국줄넘기협회의 주니어 팀이 개인전 금2, 은2, 동4 그리고 단체전 10개의 금메달을 획득하여 종합우승을 차지했다.

한국줄넘기협회는 세계줄넘기연맹 및 아시아줄넘기연맹의 산하 정식 회원단체로써 1991년부터 줄넘기 동호인들과 교육청, 체육계, 사회복지단체 등과 밀착하여 줄넘기가 생활체육으로서 탄탄하게 자리 잡을 수 있도록 노력해 왔으며, 수준 높은 줄넘기 선수 및 지도자들의 배출을 통해 세계 속에 한국을 알리는 스포츠 외교 활동을 해오고 있다.

***

24-8. 보도자료 작성 시 접근방법

1) 인터넷에서 보도자료 샘플을 검토하여 구조와 구성내용을 습득한다.
2) 지명도가 높은 신문과 잡지의 집필 스타일을 습득한다.
3) 최신 버전의 워드 프로그램의 사용을 피한다.
4) 수신대상에 따라 내용을 변경한다.
5) 내용을 먼저 쓰고 헤드라인을 쓴다.

24-9. 보도자료 배포 시 접근방법

1) 각종 매체가 다루는 메시지 유형을 파악한 후 메시지에 알맞은 매체를 선정하거나 선호하는 매체에 알맞은 메시지를 작성한다.
2) 보도자료를 이메일로 보낸다.
3) 메일을 확인하면 곧바로 읽을 수 있도록 한다(파일을 첨부하지 않는다).
4) 헤드라인의 전체 또는 일부내용을 이메일의 제목으로 사용한다. 주의를 끌기 위해 선정한 헤드라인은 이메일에서도 관심내용이 될 수 있다.
5) 노출빈도를 극대화하기 위해 다양한 매체에게 보낸다.

6) 선호도에 따라 미디어를 세분화한 후 '보통'으로 선호하는 미디어에게 보도자료를 보낸다. 그 다음에 피드백을 토대로 내용을 수정하고 '높게' 선호하는 미디어에게 보낸다.
7) 보도자료를 보낸 후 이메일 또는 전화로 수신을 확인하고 피드백을 받는다.
8) 선호하는 미디어의 경우, 독점 기사를 약속함으로써 수용확률을 높일 수 있다.
9) 행사에 대한 보도자료는 최소한 1주일 전에 보내고 가능하면 이벤트가 다가올 때 빈도를 늘린다.

25 PR

25-1. PR란?

PR(Public Relation)[92]는 기업운영에 직·간접적인 영향을 미치는 공중집단으로부터 기업에 대해 이해, 수용 및 지지를 얻고, 이를 바탕으로 호의적인 유대관계를 형성 및 유지하기 위한 의도적이고 지속적인 커뮤니케이션 활동이다.

25-2. PR의 중요성

기업은 타 집단과 전체 사회와 연관성을 맺고 상호 영향을 주고받는다.

92) 대중관계라고 하기도 한다.

이들과의 커뮤니케이션이 원활하지 않거나, 우호적인 관계가 형성되지 않는다면 기업의 성공적인 운영에는 한계가 있을 것이다.

25-3. 공중의 구분

공중은 어떤 형태로든 기업에 관여하는 집단을 의미한다. 내부공중과 외부공중으로 구분되는데 내부공중은 기업 내부, 외부공중은 기업 외부의 집단으로서 기업운영에 영향을 미치는 집단을 의미한다. 다음은 한국체육대학교의 내부공중과 외부공중의 일부를 기술한 것이다.

한국체육대학교의 본관 앞

내부공중	외부공중	외부공중의 영향
교수 조교 행정직원	학생, 학부모, 고등학교 선생님 졸업생/스포츠관련 단체와 기업 지역주민 교육기관 언론기관	학교지원 및 학교추천 상담, 특강/취업, 인턴 사회교육원이용 교육정책 홍보

25-4. PR의 목적

PR은 목적이 아래와 같이 다양하기 때문에 외형상 서로 관계가 없어 보이는 다양한 활동으로 구성되어 있다.

1) 공중의 의견을 수렴하는 것

특정 대상에 대한 공중의 이해를 얻기 위해 기업은 정보수집을 통해 대상에 대한 공중의 태도를 우선적으로 이해해야 한다. 일부 의견수렴 방법은 다음과 같다.

① 웹사이트 자유게시판 ② 설문조사
③ 언론탐색 ④ 공청회

2) 공중의 잘못된 인식을 바로 잡거나 부정적 인식을 축소시키는 것

① 왜곡된 보도에 대처 - 정정보도
② 불량품에 대처 - 리콜, 사과
③ 스캔들에 대처 - 입장표명
④ 사회적 물의에 대처 - 입장표명, 사과
참고: 긍정적인 측면을 동시에 강조하는 간접적인 대처방법도 요구된다.

3) 공중에게 정보를 제공하는 것

PR은 공중에게 아래와 같은 정보를 제공하는 활동을 포함한다.

① 경기/프로그램 관련 정보 ② 선수/강사 경력

③ 이벤트 관련 정보 ④ 제품평

⑤ 직원동정

4) 대상의 가치를 교육시키는 것

교육은 위에서 언급한 '정보제공'의 형태로 이루어지지만 목적은 공중에게 대상의 가치(사회적, 심리적, 경제적, 신체적 효과 등)를 인지시키는 것으로 차이가 있다. 대상의 가치는 아래 내용에 대한 기술로 인해 이루어질 수 있다.

① 운동종목의 효과

② 제품의 효능에 대한 연구결과

③ 기업의 사회공헌활동

④ 제품으로 인한 삶의 질 향상

⑤ 기업의 경영이념, 비전, 방침, 목표, 정책, 계획 등

5) 이해관계자와 우호적인 관계를 형성 및 유지하는 것

① 관심활동 지원 - 장소, 기술, 인력, 현금 또는 물품의 지원

② 축하 또는 인정 - 생일, 홀인원

③ 친목도모 - 각종 행사(예, 등산, 회식)의 참가 또는 개최

④ 욕구충족 - 각종 행사(예, 팬 미팅, 필요 강좌)의 개최

25-5. PR 메시지의 전달수단

PR은 목적과 활동이 다양한 만큼 메시지 전달수단도 아래와 같이 다양하다.

1) 웹사이트, 게시판, 건의함
2) 사보, 팸플릿, 뉴스레터, 안내책자
3) 보도자료, 신문기사, 기업광고, 잡지특집
4) 기자회견, 공청회, 인터뷰
5) 특강, 발표, 연설, 강좌
6) 연수, 워크숍, 클리닉, 오리엔테이션
7) 행사, 대회, 모임, 동아리, 방문
8) 카드, 문자메시지, 이메일

25-6. PR의 커뮤니케이션 방향

흔히 커뮤니케이션은 일방적이거나 쌍방 불균형적으로 이루어지고 있다. 일방적 커뮤니케이션은 기업이 공중에게 정보를 전달하는 접근법을 의미하며, 쌍방 불균형 커뮤니케이션은 정보가 기업과 공중간의 상호적으로 전달되지만 쌍방 균형 커뮤니케이션과 달리 기업이 단지 공중의 태도와 행위를 변화시키려고 시도할 뿐 PR로 인해 변화되지 않으려는 접근법을 의미한다.

25-7. PR과 홍보의 차이

1) 보도자료에 의해 홍보가 이루어지는 경우, 보도자료의 제작과 배포는 PR활동이고 그 결과가 홍보이다.
2) 홍보는 잠재적 소비자에게 행하는 커뮤니케이션이지만, PR은 소비자를 포함한 다양한 집단을 대상으로 행하는 커뮤니케이션이다.
3) 홍보는 일방적인 커뮤니케이션으로 한정되지만, PR은 쌍방향적인 커뮤니케이션이 가능하다.
4) 홍보는 비인적 커뮤니케이션으로 한정되지만, PR은 인적 커뮤니케이션으로도 이루어질 수 있다.
5) 유대관계의 형성과 유지는 홍보의 목적에 포함되어 있지 않지만, PR의 목적에는 포함되어 있다.
6) 홍보의 형태는 제한적이지만, PR의 형태는 다양하다.

25-8. 홍보를 PR로 혼동하는 이유

홍보를 얻기 위해 기업은 미디어 관계자에게 각종 정보를 제공하는 PR 커뮤니케이션 활동을 수행한다. 이와 같이 홍보를 목표로 하는 홍보활동이 PR 활동이므로 홍보와 PR이 동일한 활동으로 혼동되는 경우가 있다.

25-9. PR의 과정 혼동

PR활동은 다음의 네 가지 과정으로 구성된다.

1) 조사연구

① 무엇이 문제인가?
② 원인은 무엇인가?
③ 영향을 받는 내부와 외부 공중은 누구인가?[93)]

④ 그 영향은 무엇인가?

2) 행동계획의 구체화

(1) 목표는 무엇인가?

① 인지 : 노출, 인지, 기억, 이해
② 태도 : 형성, 강화, 변화
③ 행동 : 참가, 행동의도

(2) 표적 수용자는 누구인가?

PR의 관점에서 수용자는 PR 메시지에 노출되는 집단을 의미한다.

(3) 목표달성 위해 무엇을 해야 하나?

① 어떤 메시지를 전달할 것인가?
② 어떤 수단을 이용하여 메시지를 전달할 것인가?

3) 커뮤니케이션

4) 평가

① 해당 광고효과의 측정방법[94]을 적용하여 PR의 효과를 측정한다.
② 실행한 PR의 효과를 제한한 요소는?
③ 미래 PR를 위해 효과를 극대화 할 수 있는 방법은?

93) 우호적인 내부공중 관계가 우호적인 외부공중 관계보다 우선적으로 형성되어야 한다.
94) 광고효과의 측정방법에 대한 설명 → 127~131쪽

25-10. PR 담당자의 분류

PR을 성공적으로 수행하기 위해 아래와 같은 전문인력이 필요하다.

1) PR 전문 대행사

객관적인 견해를 얻을 수 있으며, 프로젝트 단위로 전문가를 고용하고 비용을 절감시킬 수 있다. 외국의 경우, 특정 사업 분야만을 전문적으로 대행하는 기업도 있다.

2) 내부 PR 전문가

PR 기능을 통합하기 위해 기업은 내부에 PR부서를 설치하는 경우가 많으며, 기업의 성격과 규모에 따라 담당자는 한 명 이상이 될 수 있다. 지속적인 PR활동이 필요할 경우, 내부 PR 담당자가 경제적이다.

3) PR 비전문가

비용을 절감하기 위해 필요에 따라 적합한 기술자(예, 사진작가, 작가, 그래픽 디자이너, 웹디자이너)를 고용한다.

25-11. PR 대행사 선정 시 고려할 점

1) 사업분야에 대한 전문성이나 경험
2) 비용
3) 대행사의 PR 결과물(기사, 팸플릿, 소식지 등)의 품질
4) 담당자의 성격, 스타일

26 유통전략

26-1. 유통과 유통경로란?

유통(Distribution)이란, 스포츠 제품이나 서비스가 생산자로부터 최종 수요자[95]에게 이르기까지 여러 단계에서 이루어지는 교환[96] 활동을 의미하며, 유통경로(Distribution Channel)는 스포츠 제품이나 서비스가 생산자로부터 최종 수요자에게 이르는 과정에서 참여하는 개인과 기업들의 집합이다.

26-2. 유통경로의 유형

1) 상품의 유통경로

(1) 직접적(Direct) 유통경로

주문에 의해 생산자의 상품이 직접적으로 최종수요자에게 제공되는 유형으로, 대인판매, 직접우편, 텔레마케팅, 인터넷판매 등의 방법을 이용한다.

제조업자 → 소비자

(2) 간접적(Indirect) 유통경로

생산자의 상품이 중간상인을 거쳐 최종수요자에게 제공되는 유형이다.

95) 제조업자의 상품이 도매업자와 소매업자를 거쳐 소비자에게 제공되는 경우, 도매업자는 제조업자의 수요자이고 소매업자는 도매업자의 수요자이다. 따라서 보다 정확한 구분을 하기 위해 소비자를 최종 수요자라고 하는 것이다.

96) 교환은 공급업자의 상품판매와 수요자의 상품구매를 의미한다.

① 제조업자(Manufacturer) → 도매업자(Wholesaler) → 소매업자(Retailer) → 소비자(Consumer)
② 제조업자 → 도매업자 → 소매업자 → 소비자
③ 제조업자 → 도매업자 → 소비자
④ 제조업자 → 소매업자 → 소비자

간접적 유통경로의 분류

1) **전통적 유통경로**는 이윤추구를 위해 독립적으로 행동하는 제조업자, 도매업자 및 소매업자로 구성되어 있다.
2) **수직적 유통경로**(Vertical Distribution System)는 통제, 경제성, 효율성, 및 구성원의 갈등해소를 위해 하나의 결합된 시스템으로 행동하는 제조업자, 도매업자 및 소매업자로 구성되어 있는 유통경로로 현재 소비자 시장에서 지배적이다.
3) **혼합**(Hybrid) **또는 복수**(Multi) **경로**는 2가지 이상의 유통경로를 사용하는 것을 의미한다. 예를 들어, 하나의 고객집단에게 도달하기 위해 직접적 유통경로를 사용하면서 타 고객집단에게 도달하기 위해 간접적 유통경로를 사용하는 것이다.

2) 서비스의 유통경로

(1) 직접적(Direct) 유통경로

일반 서비스는 생산과 동시에 소비되기 때문에 상품처럼 중간상인을 거쳐 수요자에게 전달될 수 없다. 이와 같이 생산자의 서비스가 직접적으로 최종 수요자에게 제공되는 것을 직접적 유통이라 한다.

① 스포츠용품 생산자 → 구매자
② 스포츠경기 주최자 → 관람자

(2) 간접적(Indirect) 유통경로

일반 서비스와 달리 스포츠경기라는 서비스는 녹화 및 편집 과정을 거쳐

TV 방송으로 시청자들에게 제공되고, 관람권과 로고사용권 등은 대행사를 통해 경기 주최자로부터 최종 수요자에게 제공될 수 있다. 이와 같이 생산자의 서비스가 중간상인을 거쳐 최종수요자에게 제공되는 것을 간접적 유통이라 한다.

경기 주최자 → TV 방송사 → 시청자

경기 주최자 → 입장권판매(또는 스포츠마케팅) 대행사 → 관람자(또는 후원사)

26-3. 유통경로의 장단점

유통경로	장점	단점
직접적	통제 용이 마케팅조사 용이 판매원 전문성 고객관리 용이	실패에 따른 위험부담
간접적	소비자 접근용이 위험분산 소매점의 제품촉진	판매원 동기부여 부족[97] 소비자가격 상승

26-4. 유통전략

유통전략은 다음의 질문에 대한 응답내용을 포함하고 있다.

1) 상품을 중간상인을 통해 판매할 것인가 아니면 직접 판매할 것인가?

(1) 표적지역의 규모가 클수록 간접적 유통경로가 바람직하다.

① 지역적으로 접근이 용이한 소비자에게 제품을 제공하는 기업은 직접적 유통경로를 선호하며, 거래반경을 최대로 확장하기 위해 셔틀버스를 운영하거나 배달서비스를 제공한다. 그러나 소비자가 지역적으로 접근이 어려울 경우, 기업은 접근이 용이한 중간상인을 이용할 수밖에 없다.

97) 여러 브랜드를 취급할 경우, 판매원은 다른 브랜드를 추천할 수 있다.

거래반경 선정 시 고려할 사항

거래반경은 어느 지역에 있는 소비자에게까지 제품을 제공할 것인가를 결정하는 것이다. 제품에 따라 그 지역범위의 크기가 다르기 때문에 예를 들어, 스포츠센터의 거래반경은 프로스포츠경기의 거래반경보다 적을 수밖에 없다. 흔히 이 반경을 일정 거리를 중심으로 해서 선정하는 경우가 많지만(반경 A), 일정 차량 이동시간을 중심으로 해서 선정하는 것이 바람직하다(반경 B). 즉, 거리는 같아도 교통혼잡도에 따라 중요한 이동시간이 다르기 때문이다.

② 만약 서비스에 대한 수요가 공급을 초과한다면, 시설 확장, 가격인상, 영업시간 확대 등의 방법으로 대처할 수 있다. 그러나 다른 지역으로 서비스를 확장하려 한다면 새로운 지점을 열어 직접 운영하거나 프렌차이즈를[98] 할 수밖에 없다.

(2) 표적 소비자의 구매량이 높을수록 직접적 유통경로가 바람직하다.

① 표적지역의 범위가 넓어도, 인구가 집중[99]되어 있는 곳에서는 직접적 유통경로가 가능하다. 그러나 인구가 집중되어 있지 않는 곳에서는 간접적 유통경로가 바람직하다.

---

98) 생산자가 타인에게 상표의 사용권과 제품의 생산기술과 판매권 등을 제공하고 대가를 받는 시스템이다.

99) 인구가 집중되어 있다는 것은 어느 정도의 수요가 보장된다는 것으로 이해하면 된다.

② 산업제품[100]의 경우, 구매량이 많은 수요자에게는 직접 판매하고, 구매량이 적은 수요자에게는 소매상인을 이용하여 판매할 수 있다.

(3) 상품보관할 공간이 제한적일 경우, 간접적 유통경로가 바람직하다.

(4) 판매원을 많이 필요로 할 경우, 간접적 유통경로가 바람직하다.

① 판매원이 제한적일 경우, 판매원을 증대하는 것 보다 간접적 유통경로를 이용하는 것이 더 유리할 수 있다.

② 상담, 시범, 주문수령, 배달, A/S 등으로 인해 평균 서비스 시간이 길어질수록 간접적 유통경로가 바람직하다. 대인판매 방법에 의존하여 촉진하는 경우에는 더욱 그렇다.

(5) 제품의 성공여부에 대한 확신이 없을 경우, 간접적 유통경로가 바람직하다.

(6) 제품이 저렴할수록 간접적 유통경로가 바람직하다. 소비자는 저렴한 제품을 위해 정보탐색과 이동으로 시간낭비를 원하지 않기 때문이다.

(7) 주문제작품이나 특수제품은 인터넷을 이용한 직접적 유통경로가 바람직하다.

(8) 직접 판매할 수 있는 자금이 부족할수록 간접적 유통경로가 바람직하다. 하지만 자금이 충분하더라도 다른 것에 투자될 수 있으므로 기회비용[101]을 고려해야 한다.

(9) 제품의 인지도가 낮을 경우, 인지도가 높은 소매점을 통해 판매하는 것이 바람직하다.

---

100) 산업제품의 정의 → 15쪽

101) 기회비용은 하나의 대안을 선택했을 때, 그로 인해 포기한 다른 대안의 가치를 말한다.

(10) 단가가 매우 높거나 부패 가능성이 있는 제품의 경우, 직접적 유통경로가 바람직하다.

2) 소매점을 이용할 경우, 어느 정도의 다양한 소매점을 이용할 것인가?

① 제품 수명주기 중 도입기에는 전속적과 선택적 유통, 성장기와 성숙기에는 집중적 유통, 그리고 쇠퇴기에는 전속적 및 선택적 유통을 고려해야 한다.

② 정보탐색과 이동으로 시간을 낭비하고 싶지 않은 저렴한 제품의 경우, 선택적 유통이 바람직하고 매우 저렴한 제품의 경우에는 집중적 유통이 바람직하다.

③ 정보수집 과정을 거쳐 구매하는 제품의 경우, 선택적 유통이 바람직하다.

이용 소매점 가지 수에 따른 유통경로의 구분

- 전속적 또는 독점적(Exclusive) 유통 : 소매점포의 수를 극히 제한한다.
- 선택적(Selective) 유통 : 다양한 소매점을 통해 제품을 판매한다.
- 집중적(Intensive) 유통 : 대부분의 소매점에서 제품을 판매한다. 특히 매우 저렴한 제품이 이 방법으로 유통된다.

3) 소매점을 이용할 경우, 어느 유형의 소매점(예, 대형 할인점, 백화점, 전문점, 온라인쇼핑몰 등)[102]을 이용할 것인가?

아래 항목에 대해 고객의 욕구를 고려한 후 적합한 소매점을 선택해야 한다.

① **접근성** : 대형 할인점과 온라인 쇼핑몰은 비교적 높고 백화점과 전문점은 비교적 낮다.

② **다양성** : 특정 제품의 다양성을 의미하는 것으로, 대형 할인점과 백화

102) 소매점은 편의점과 슈퍼마켓도 포함하지만 이 두 곳에서 스포츠용품의 판매는 제한적이어서 언급하지 않았다.

점은 비교적 낮고 온라인 쇼핑몰과 전문점은 비교적 높다.

③ **전문성** : 대형 할인점의 직원은 전문성이 낮고 전문점의 직원은 전문성이 높다.

④ **고객관리** : 대형 할인점의 고객관리는 미흡하나 전문점의 고객관리는 우수하다.

⑤ **편의성** : 제품종류의 다양성을 의미하는 것으로, 대형 할인점, 온라인 쇼핑몰(전문 온라인몰 제외)과 백화점에서 소비자는 다양한 상품을 구입할 수 있으나 전문점에서는 불가능하다.

⑥ **가격** : 대형 할인점과 온라인 쇼핑몰은 비교적 낮고 백화점과 전문점은 비교적 높다.

⑦ **이미지** : 대형할인점과 온라인 쇼핑몰의 제품 이미지는 비교적 낮고 백화점과 전문점은 비교적 높다.

4) 대형 할인점을 이용할 경우, 어떤 브랜드를(예, 홈플러스, 이마트, 롯데마트 등) 이용할 것인가?

이 경우, ① 보유 매장의 수, 규모; ② 위치와 입지; ③ 운영 기업 또는 매장의 이미지; ④ 유사제품의 브랜드와 다양성, 브랜드 및 특징; ⑤ 유사제품을 위한 진열공간의 크기; ⑥ 경쟁사와의 관계; ⑦ 제품에 대한 과거 판매경험과 성과; ⑧ 판매원의 수, 훈련 및 동기부여 필요정도; ⑨ 고객의 유형; ⑩ 제품 촉진활동을 위한 협동심과 요구하는 공제의 크기; ⑪ 제품구매량과 지속적 구매에 대한 의사; ⑫ 재고관리 능력; ⑬ 서비스 지원과 품질; ⑭ 자금력; ⑮ 잠재적 성장률 등을 고려해야 한다.

27 장소전략

27-1. 일반 마케팅에서 '유통'믹스를 스포츠 마케팅에서 '장소'믹스라고 하는 이유는?

특정 상품을 어느 국가와 도시에 판매할 것인가? 소매점에서 판매할 것인가? 어느 소매점에서 판매할 것인가? 등의 질문은 모두 판매 장소에 관한 것이다. 즉, 유통을 제품이 생산자로부터 최종 수요자에게 이르는 과정으로 이해했다면, 장소는 제품이 생산자로부터 최종 수요자에게 전달되는 곳으로 이해하면 된다. 따라서 일반마케팅의 '유통' 믹스가 '장소(Place)'믹스로 제시되고 있는 것이다.

27-2. 스포츠마케팅에서 '유통'보다 '장소'가 선호되는 이유는?

스포츠서비스는 생산과 동시에 소비가 이루어지므로 유통개념이 강한 간접적 유통경로를 이용할 수 없기 때문에 생산 장소인 판매장소에 대해 관심을 가질 수밖에 없다.

27-3. 장소에 대해 고려할 점

1) 상권

상권 선정 시 고려할 사항과 요건은 다음과 같다.

(1) 상권 유형

다음 상권 중 어느 곳에서 사업할 것인가를 결정해야만 입지를 정할 수 있다.

① 역세권 상권 : 다양한 연령층의 유동인구가 많은 지역

② 사무실 지역 상권 : 직장인이 많은 지역으로 주중과 주말의 매출 차이가 크고 점심과 저녁 시간에 고객이 집중하는 지역

③ 신세대 상권 : 학생과 젊은이들이 많은 지역

④ 아파트 및 주거지역 상권

(2) 인구밀집도

① 유동인구가 많다[103].

② 유동인구의 인구통계학적 특성이 표적고객층과 유사하다[104].

(3) 상권 주기

① 상권이 성장기에 속한다.

② 인구가 늘어나는 신흥 지역이다.

③ 건축계획, 도로정비 등 개발계획이 있다.

(4) 긍정 시장상황

① 영업활동의 규제가 적다.

② 유사업종의 영업 상태가 좋다.

③ 원하는 크기와 형태의 공간이 있다.

(5) 능력 부합정도

① 통근거리가 짧다.

---

103) 최소한 요일별, 시간대별 인원을 확인하는 것이 바람직하다.

104) 최소한 성별, 연령별 인원을 확인하는 것이 바람직하다.

② 요구되는 비용(예, 임대료, 관리비, 보증금, 권리금 등)이 적절하다.

③ 사업장 임대기간 연장 가능성이 높고 임대료 인상 가능성이 낮다.

2) 입지

장소가 좋아서 노력하지 않아도 판매실적이 좋은 곳이 있다면 장소가 나빠서 노력해도 판매실적이 나쁜 곳이 있다. 즉, 좋은 입지는 매우 중요하며, 다음은 입지 선정 시 고려할 사항들이다[105].

(1) 접근용이성[106]

① 버스 정류장이나 지하철 입구에서 가깝다.

② 버스 정류장에 정차하는 노선이 많다.

③ 도로변에서 가깝다.

④ 경사가 없는 부지에 있다.

⑤ 주차공간이 넉넉하며, 주차장에서 시설까지 찾아가는 동선이 짧다.

⑥ 낮은 층에 있다.

(2) 인지용이성

① 위치를 쉽게 인지할 수 있다.

② 위치를 쉽게 설명할 수 있다.

---

105) 입지 선정 조건으로 상권 선정 조건을 같이 제시하는 경우가 있다.

106) 입지 조건 가운데 접근용이성은 유일하게 소비자의 입장에서 매우 중요한 것이며, 시간적인 측면에서 이동시간의 단축뿐만 아니라 영업시간의 확장이 기여한다. 그러나 경제적인 측면에서 비싼 가격과 심리적인 측면에서의 가격에 비해 너무 고급스러운 이미지는 접근용이성을 감소시킬 수 있다.

(3) 긍정적 경쟁사항

① 입지가 우리에게 유리하거나, 경쟁자가 존재하지 않는 경우
② 경쟁자를 이기거나 같이 공존할 수 있는 경우
③ 미래에 새로운 경쟁자가 등장할 확률이 낮은 경우

3) 외형

외형은 다음 요소들을 포함한다.

(1) 간판

① 외부 장식과 조화를 이루어야 한다.
② 광고매체 기능을 수행함으로 고객의 주의를 끌 수 있어야 한다.
③ 이미지를 표현하도록 제작한다.

(2) 입구

① 접근용이성을 위해 쉽게 찾아갈 수 있도록 한다.
② 이용편리성을 위해 넓게 만든다.
③ 한쪽 가장자리에 위치시켜 시야가 대각선 길이만큼 넓어 보이도록 한다.
④ 장애인을 위한 출입로를 제공한다.

(3) 창

① 진열품 통해 고객의 주의를 끌고 점포의 이미지를 전달하도록 한다.
② 이동하는 사람이 외부에서 내부를 볼 수 있게 하여 제공하는 서비스와 분위기를 전달한다.

(4) 외부장식

개성을 살리는 동시에 대중적이어야 한다.

4) 실내환경

① 분위기 연출 : 조명, 색상, 재질, 소품, 음악
② 이용편리성 : 부대시설, 설비, 배치
③ 안정성 : 시설설계, 설비
④ 쾌적성 : 공기순환, 습도, 온도, 청결성, 분위기

돔구장은 계절과 상관없이 쾌적한 실내환경의 조성이 용이하다.

5) 설비배치

스포츠시설은 상황에 알맞은 배치방법을 설정해야 한다.

(1) 설비배치란?

시설과 설비를 최적으로 배열하는 것을 의미한다.

(2) 설비배치 유형

① **공정별 배치** : 유사한 기능을 수행하는 기계 또는 구성원을 한 장소에 모아 두는 방법으로 병원(정형외과, 산부인과 등)과 대학(교무과, 학생과 등)에서 흔히 볼 수 있는 배치방법이다. 고객에게 유연성을 제공하는 장점이 있으나, 방문객이 복잡하게 이동해야 하는 불편함이 있다.

② **제품별 배치** : 특정 서비스의 생산을 위해 일련의 고정된 순서로 기계를 배치하는 방법이다. 예를 들어, 하나의 기계로 시작해서 순서대로 옆에 있는 기계로 이동하는 순환운동 프로그램을 들 수 있다. 이와 같은 배치는 이동이 용이하여 생산시간이 단축되지만, 공정의 유연성이 없어서 하나의 기계 고장으로 문제가 발생하는 경우가 있다.

③ **혼합 배치** : 제품별 배치와 공정별 배치를 부분적으로 함께 적용하는 방법이다. 예를 들어, 규모가 큰 헬스장에서는 운동부위별 기구들을 배치해 놓고 일부 구역에 순환운동을 할 수 있도록 다양한 운동부위를 위한 여러 기구들을 배치해 두는 경우가 있다.

스포츠를 이용한 마케팅

30. 앰부시 마케팅
31. 스포츠라이센싱
32. 선수 인도스먼트
33. 에이전트/에이전시
34. 기업의 사회적 책임
35. 스포츠이벤트를 이용한 지역 마케팅
36. 모바일 마케팅과 인터넷 마케팅
37. 스포츠마케팅 계획서 개요

28 스폰서십

28-1. 스폰서십의 정의

기업의 정상적인 활동과 직접적으로 관련이 없는 이벤트에 기업이 재정적, 기술적[107](=인적), 물적 지원을 제공하고 그 제휴를 통해서 상업적인 이익을 얻기 위한 행위이다.

28-2. 스폰서십의 특성

스폰서십은 하나의 투자다. 다시 말하자면, 기업은 스폰서십 활동에 지출한 금액 이상의 가치를 얻고자 한다. 수여자가 기부에 대한 답례로 사회의 이익 외에 어떠한 기대도 가지지 않는 순수한 형태의 자선적 수여와는 구별된다.

28-3. 스포츠 스폰서십의 선호도

스폰서십은 스포츠선수 또는 스포츠대회의 후원 형태로만 이루어지는 것이 아니지만, 현재에는 이러한 '스포츠 스폰서십'이 가장 선호되고 있다. 그 이유는 다음과 같다.

1) 스포츠는 문화, 언어, 종교를 초월한다.
2) 모든 국가에 스포츠를 좋아하는 사람들이 존재하기 때문에 스포츠를 통해 전 세계의 사람들에게 접근할 수 있다.

---

107) 기술지원의 예로 축구경기의 방송시간에 나타나는 공점유율, 공격방향, 코너킥 횟수, 슈팅횟수 등에 대한 통계분석을 들 수 있다.

3) 인구통계학적 특성이나 생활양식 측면에서 각 국가의 세분집단들이 선호하는 스포츠가 다를 수 있지만, 특정 스포츠를 후원함으로써 그 스포츠를 선호하는 세분집단을 표적할 수 있다.
4) 스포츠는 다양한 이미지를 지니고 있으므로 기업은 특정 이미지를 가지고 있는 스포츠를 후원함으로써 그 이미지를 기업 또는 제품의 이미지로 전이시킬 수 있다.
5) 스포츠 이벤트에는 기업명 부착에 대한 규제가 예술 이벤트(예, 뮤지컬, 연극, 댄스공연 등)보다 적다.

28-4. 초기에 스포츠 스폰서십이 활성화될 수 있었던 이유

여기서 활성화는 기업의 참여 사례수가 많아지는 것을 말한다.

1) 정부의 담배광고 금지는 해당 제조업체로 하여금 노출을 위해 스폰서십에 참여하도록 하였다.
2) 1984년 LA 올림픽은 스폰서십[108]을 효과적으로 활용해서 처음으로 정부의 도움을 받지 않고(이는 사람들이 불가능하다고 생각했었다) 당시 올림픽 역사상 가장 큰 수익을 올릴 수 있었다. 이후, 스폰서십은 마케팅 목적을 달성하는데 있어서 매우 효과적인 수단으로 인정받았으며, 기존 스포츠 단체는 스폰서십을 통한 재정자립 기반 구축에 노력을 기울이게 되었다.
3) 레저스포츠 종목이 다양해지고 각각의 종목단체가 대회를 개최함으로써 기업이 스폰서십에 참여할 수 있는 기회가 증가하였다.
4) 케이블과 유성 TV와 같은 새로운 미디어가 등장하였으며, 해당 방송사는 다음 두 가지 이유로 스포츠방송을 선호하였고 이에 따라 기업의

[108] LA 올림픽과 과거 올림픽의 스폰서십 활동의 차이 → 193쪽

스폰서십 참여기회도 증가하였다.

방송사가 스포츠 프로그램을 선호하는 이유

① 방송준비를 위해 소요되는 시간과 비용이 상대적으로 적다 - 드라마, 음악, 오락 프로그램 등은 방송사 관계자들이 직접 기획하고 진행하지만, 스포츠대회는 스포츠단체가 기획하고 진행한다.

② 스포츠에 대한 관심이 크다 - 준비시간과 비용이 적다고 해서 무조건 방송시간을 스포츠 프로그램으로 채우는 것은 아니다. 이는 대중의 스포츠에 대한 관심 때문에 어느 정도의 시청률을 기대할 수 있고 시청자들을 표적하는 기업으로부터 방송비용 이상의 광고비를 회수할 수 있다고 판단되기 때문이다.

5) 스폰서십 효과의 긍정적인 측정결과와 광고비의 증가는 기업이 더욱 스폰서십에 관심을 보이게 하였다.

28-5. 스포츠스폰서십의 이익

1) 기업명 또는 제품명의 노출

기업은 스폰서십을 통해 자사의 기업명이나 제품명을 스포츠이벤트의 참가자, 관람자 또는 시청자에게 노출시킬 수 있다.

노출수단

현수막, 보드, 입장권 광고, 대회안내책자 광고, 행사 포스터, 전광판, 비디오 스크린, 배경막, 선수 유니폼, 펜스, 버추얼광고, 판매부스, 자막, 차량광고 등

스폰서십 노출이 TV 광고 노출보다 선호되는 이유

① 시청자는 광고보다 스폰서십에 노출될 가능성이 더 높다. 왜냐하면 시청자는 광고 시간에 화장실에 가거나 주방에서 먹을 것을 챙겨오는 등 광고를 회피할 수 있으나 경기를 시청하는 동안에 이루어지는 스폰서십활동은 회피할 수 없다.

② 광고의 노출시간은 짧으나 스폰서십의 노출시간은 상대적으로 길다. 왜냐하면 광고는 1분 이내로 끝나지만 스폰서십의 노출시간은 경기시간 혹은 방송시간에 따라 그 이상으로 길다.

③ 스폰서십의 비용 대비 노출효과가 더 크기 때문에 스폰서십이 광고보다 더 저렴하다고 볼 수 있다.

④ 좋아하는 스포츠를 관람할 때 소비자는 편안하고 긍정적인 마음자세를 가지게 되며, 이러한 상태에서 소비자는 스폰서십 노출을 긍정적으로 받아들이는 경향이 있다.

2) 기업 또는 제품에 대한 인지도 증대

일본의 후지필름사는 LA 올림픽을 스폰서함으로써 미국인이 거의 모르는 회사에서 불과 몇 개월 사이에 대중적인 회사가 되었으며, 이 사례는 LA 올림픽을 통해 스폰서십이 효과적인 마케팅 수단으로 인정받는 데에 크게 기여한 요인 중 하나가 되었다. 이와 같이 기업은 스폰서십을 통해 기존 활동지역의 소비자들에게 신제품을 알리거나 새로운 활동지역의 소비자들에게 기존제품을 알릴 수 있다.

3) 이미지 형성, 강화 또는 변화

기업은 특정 이미지를 가지고 있는 스포츠종목의 대회를 스폰서 함으로써 그 이미지를 자신의 기업 또는 제품의 이미지에 전이 시켜서 기존 이미지를 강화하거나 변화시킬 수 있다. 그 예로 올림픽 스폰서십을 통해 브라더사는 '재봉틀의 브라더'라는 이미지에서 탈피하여 '정보기기의 브라더'라는 이미지를 구축할 수 있었으며, 삼성은 로컬 브랜드에서 글로벌 브랜드의 이미지를 구축할 수 있었다.

4) 행사장 안에서 제품의 독점 판매(사용)

코카콜라, 맥도날드 그리고 신용카드 회사가 올림픽대회를 스폰서하는 이유 중 하나는 행사장 안에서 자사 제품을 독점으로 판매하거나 이용하도록 하여 매출을 올릴 수 있기 때문이다.

5) 행사장 밖에서 관계자와 일반인의 제품구매 유도

스폰서십은 이벤트와 직접 관련이 있는 관계자뿐만 아니라 단순히 이벤트에 관심 있는 일반인도 행사장 밖에서 스폰서제품을 구매하도록 유도 한다. 이러한 현상은 올림픽 스폰서의 제품이라는 이유 하나 때문에 소비자가 스폰서의 제품을 구매한다는 연구결과에 의해 밝혀졌다.

6) 판촉활동의 기회

기업은 후원하는 이벤트를 이용하여 다양한 판촉활동을 수행할 수 있다. 이는 이벤트의 입장권이나 라이센싱 제품[109)]을 상품으로 제공하는 판촉활동을 포함한다.

7) 마케팅 조사의 기회

기업은 스폰서하는 대회의 참가자와 관람자가 직접 개인정보를 제공하여 참여하는 추첨행사 또는 익명성을 보장하는 설문지를 통해 잠재적 고객에 대한 정보를 확보할 수 있다.

8) 사회적 책임을 이행하는 기업으로 인지될 수 있는 기회

기업은 스폰서십에 참여함으로써 대중에게 자사가 사회적 책임을 이행하고 있다는 인식을 심어주어 자사 이미지를 향상시킬 수 있다.

9) 접대(Hospitality)의 기회

기업은 접대[110)]를 통해 형성된 호의를 바탕으로 접대대상으로부터 지지 또는 협조를 기대하기 때문이다. 기업은 주요 공급자, 도매상인, 소매상인, 스포츠 언론인, 금융기관, 노동조합원, 주주 등을 접대하는 경우가 많은데 과거에는 식사 및 술 접대가 일반적이었으나 최근에는 골프접대가 등장하였다.

미국의 경우, 사람을 스포츠이벤트로 초대하는 접대유형이 활발하게 이루어지고 있다. 비록 스폰서기업이 아닌 일반기업에게도 스포츠이벤트를 이용하여 접대할 수 있는 기회가 주어지지만 스폰서기업은 가장 좋은 것들로 서비스를 통제할 수 있다.

---

109) 라이센싱제품에 대한 설명 → 217쪽

110) 환대라 하는 경우도 있음.

우리나라에서 스포츠관람 접대가 활발하지 않는 이유

① 접대할만한 스포츠이벤트, 즉 대중이 크게 관심을 가지는 스포츠이벤트가 부족하다.
② 경기장이 접대할 수 있는 시설을 갖추고 있지 않거나 기존 시설이 우수하지 않다.

10) 기업 구성원의 사기증대

업무 특성상 종업원의 이직률이 높은 UPS 항공화물사는 올림픽의 스폰서로서 종업원들을 올림픽 현장에 초청하여 회사에 대한 자긍심을 고취시켰다. 그 결과, 이직률을 감소하고 업무의 효율성을 증대시켜 상당한 관리비용을 절감하는 효과를 보았다.

11) 확보하기 어려운 입장권을 쉽게 확보

미국의 경우, 입장권 구매가 어려운 스포츠이벤트가 있다. 기업은 이러한 스포츠이벤트를 후원함으로써 입장권을 쉽게 확보한 후 접대, 상품, 보상을 위해 사용할 수 있다.

28-6. 효율적 스폰서십 참여 의사결정

기업은 많은 단체로부터 스폰서십 요청을 받지만, 자원은 제한적이어서 모두 수락하지 못한다. 따라서 기업은 각각의 요청을 적극 심사하여 가장 큰 이익을 가져다줄 행사를 선택할 수 있어야 한다. 그러므로 기업은 의사결정을 효율적으로 내리기 위해 지원을 원하는 단체로 하여금 신청서를 작성하여 기업이 필요로 하는 정보를 제공하도록 해야 하며, 더 나아가 의사결정을 합리적으로 내리기 위해 점수법[111]을 적용할 수 있다. 점수법 적용 시 기업은 몇 점 이상의 점수를 얻은 이벤트를 선택하거나 여러 이벤트 중에

111) 점수법에 대한 기술 → 92쪽

가장 높은 점수를 얻은 이벤트를 선택할 수 있다.

28-7. 스폰서십 선택기준

스폰서를 필요로 하는 이벤트가 스폰서를 하고자 하는 기업보다 많으므로 기업은 스폰서십 참여기회를 신중하게 비교 및 선택하고 있다. 다음은 기업이 스포츠스폰서십의 참여결정을 위해 고려할 수 있는 사항[112]들이며, 관련 정보는 기업 측에서 수집하지 않고 이벤트 주최자 측에서 제공해야 한다.

1) 예상 참가인원(관람자 포함)이 몇 명인가?

이는 스폰서십으로 인해 최소한 어느 정도의 노출이 이루어질 수 있는지를 알려준다. 인원수는 과거에 개최한 유사 이벤트를 토대로 하여 추측할 수 있다. 새로운 이벤트일 경우에는 종목의 인기, 출전하는 선수나 팀의 인기 또는 팀 간의 전통적 경쟁관계 등을 고려하여 추측할 수 있다.

2) 이벤트의 방송여부는?

흔히 기업은 방송될 이벤트를 후원하길 원한다. 브랜드가 이벤트 참가자 뿐만 아니라 시청자에게도 노출될 수 있기 때문이다.

3) 이벤트와 스폰서의 제품을 연결시킬 수 있는 부분이 있는가?

연결시킬 수 있는 부분이 있으면 이벤트와 스폰서의 관계는 더욱 잘 기억된다. 예를 들면, Diadora 축구용품사가 축구경기를 후원하는 것은 자연스럽지만, 야구경기를 후원하는 것은 자연스럽지 않다. 따라서 Diadora사는 축구경기의 스폰서로 쉽게 또는 긍정적으로 기억될 수 있으나, 야구경기의 스폰서로는 그러기 어렵다. 이는 머릿속에 정리가 잘 안되는 정보를 소비자

112) 기입순서는 선택기준의 중요도나 선택기준의 고려순서와 무관함.

는 기억하려 하지 않는 경향이 있기 때문이다.

Phillips사와 스포츠이벤트의 연결부분은 무엇일까? Diadora와 달리, Phillips사는 자사의 비디오카메라로 스포츠이벤트를 녹화하고 있다는 점을 강조하여 소비자가 그 연결부분을 인지하도록 하였다.

4) 이벤트의 참가자, 관람자 및 시청자의 인구통계학적 특성은 기업의 표적 고객의 특성과 유사한가?

대중적인 스포츠이벤트로써 많은 사람들의 참가, 관람 또는 시청을 유도할지라도 그 많은 사람들이 기업이 표적하는 사람들이 아니라면 해당 이벤트의 후원가치는 떨어진다. 예를 들어, 노인을 표적하는 회사가 젊은이들이 많이 참여하는 인라인스케이트 대회를 후원하는 것은 바람직하지 않다.

5) 이벤트 종목이 기업의 표적고객이 즐겨 참여하는 종목인가?

기업은 고객이 주로 참여 또는 관람하는 스포츠를 사전에 조사한 후 가장 인기가 있다고 나타난 종목의 대회를 후원하여 표적고객에게 접근할 수 있다.

6) 기업이 활동하고 있는 지역의 이벤트인가?

제품을 판매하지 않는 지역에서 개최하는 스포츠이벤트를 후원할 필요는 없다. 다국적 기업인 코카콜라사는 자사 제품이 판매되고 있는 각각의 나라에서 스포츠 이벤트를 개별적으로 스폰서 할 수 있지만, 올림픽과 같은 국제 스포츠 이벤트를 스폰서 함으로써 효율적으로 모든 나라의 소비자에게 접근하고 있다.

7) 종목의 이미지가 기업이 추구하는 이미지와 일치한가?

예를 들어, 기업이 내구성이 높은 이미지를 추구한다면 마라톤대회를 후원할 수 있으며, 신속성이 높은 이미지를 추구한다면 단거리대회를 후원할 수 있다.

8) 같은 시기에 같은 고객을 표적하는 다른 이벤트가 있을 것인가?

이는 참가인원이 감소할 우려가 있으므로 고려해 볼 필요가 있으며 어느 이벤트이든 간에 주최자는 개최장소를 미리 예약해놓기 때문에 항상은 아니지만 확인이 가능한 경우가 있다.

9) 스폰서십을 위한 예산이 있는가?

스폰서십은 다른 촉진활동과 함께 수행되지 않으면 그 효과가 감소하기 때문에 기업은 단체가 요청하는 스폰서십 금액뿐만 아니라 해당 스폰서십을 보완할 촉진활동의 비용까지도 고려해 볼 필요가 있다.

> 기업은 정기적으로 자사의 예산(budget)을 세우며, 이 과정에서 특정 스포츠 스폰서십을 위해 자금을 3, 6 혹은 12개월 전에 할당 해 놓을 수 있다. 즉 예산이 이미 세워진 후에는 다른 이벤트의 스폰서십을 위해 자금을 조달하는 것이 어려울 수 있다.

10) 스폰서십을 보완할 촉진활동에 대해 계획을 수립하고 실천할 시간적 여유가 있는가?

11) 자사의 제품이 자연스럽게 잘 팔리는 시기인가?

기업은 스폰서십을 포함한 촉진활동을 제품의 판매율이 높은 시기에 실행하면 보다 많은 효과를 볼 수 있다.

12) 이벤트 주최자의 직원이 전문적으로 일할 수 있는가?

기업은 성공적으로 개최될 이벤트와 연결되고자 하므로, 이벤트 주최자의 과거 성공사례 또는 전문성에 관심을 갖는다.

13) 다른 스폰서는 몇 개이며 어떤 기업으로 구성되어 있는가?

스폰서로부터 마련한 자금은 이벤트의 성공적인 개최를 위해 기획, 홍보 및 진행과정에서 쓰여질 것이다. 따라서 다수 스폰서의 확보는 이벤트가 성공할 확률을 추정하는데 도움을 줄 수 있다. 유의할 점은 스폰서가 많으면 기업은 그만큼 관람자에게 스폰서로써 인식 혹은 기억되기 어려울 수 있다.

14) 이벤트가 장기적으로 개최될 것인가?

기업은 경험을 통해 배운 점들을 미래 스폰서십 활동에 반영할 수 있고, 이벤트 주최자는 스폰서의 욕구를 이해함으로써 미래에 그들의 욕구를 더욱 더 충족시켜 줄 수 있을 것이다. 또한 장기간의 스폰서십은 소비자로 하여금 스폰서와 이벤트의 연관성을 더욱 기억하도록 할 것이다. 그러나 5년 이상의 관계유지는 문제가 될 수 있다. 기업이 운영하고 있는 환경이 변화하여 이벤트가 신규 소비자에게 접근하지 못할 수 있기 때문이다.

15) 타 스폰서와 연계촉진[113] 할 수 있는 기회가 있는가?

경제성 또는 노출확대를 위해 잠재적 스폰서는 이미지와 표적고객이 유사한 타 스폰서와 연계촉진 할 수 있다.

28-8. 스폰서의 유형

다음 스폰서의 유형을 나타내고 있으며, 대회에 따라 이 스폰서 유형을 구분하는 명칭은 다를 수 있다[114].

---

113) 연계촉진의 정의 → 143쪽

114) 후원과 협찬으로만 구분하는 경우가 있는데 대부분의 경우, 후원자는 재정적 지원을 해 준 기업이고 협찬은 물품지원을 해 준 기업이나 지지를 해 준준 정부단체 또는 비영리적 단체이다.

1) **타이틀 스폰서**(Title Sponsor)

대회명칭에 기업명이나 브랜드명을 넣는 권리를 획득한 기업이다.

2) **공식후원사**(Official Sponsor)

일정액의 금액을 지불하는 기업이다.

3) **공식공급업체**(Official Supplier)

재정보다는 물자나 용역을 지원하는 기업이다.

4) **공식상품화권자**(Official Licensee)

대회명, 로고 또는 마스코트를 사용하여 특정 품목의 제품을 생산 및 판매할 수 있는 영업 권리를 부여받은 기업이다.

5) **방송후원사**(Broadcast Sponsor)

특정 기업이 시즌의 모든 경기 또는 특정 경기의 중계방송에 해당하는 광고의 전체 혹은 일정 금액을 방송사에게 지불하는 기업이다.

28-9. 스폰서십의 판매

잠재적 스폰서는 스폰서십 참여로 인해 얻을 수 있는 다양한 혜택 중 원하는 것을 선택하여 각각의 혜택에 해당하는 비용을 지불하는 것이 아니다. 스폰서십은 각종 혜택이 묶여진 패키지로 판매되고 있으며, 스폰서는 여러 패키지 가운데 적정한 것을 골라야 한다. 이들 패키지는 지불해야 하는 비용에 따라 그 혜택들이 다르다.

28-10. 스폰서십 효과의 측정방법

스폰서십으로 투자되는 금액이 증가함에 따라 스폰서십의 효과를 입증하는 것이 중요하게 되었다. 이러한 스폰서십 효과의 측정은 스폰서를 유치한 단체에게 그 책임이 있으며 다음과 같은 효과측정 방법들이 있다.

1) 노출도의 측정방법

(1) 노출이 이루어진 매체의 수를 센다.

이벤트 중심으로 혹은 스폰서기업을 중심으로 인쇄매체, 인터넷매체 또는 TV 방송매체에 나타난 노출사례수를 센다.

(2) 노출인구 수를 추정한다.

① **노출매체의 구독률, 접속률 또는 시청률을 알아본다.**
노출매체의 개수만 체크하면 후원행사 또는 후원기업이 몇 명에게 노출되었는지를 알 수 없다. 따라서 각 매체의 구독률, 접속률 또는 시청률을 알아보면 대략적인 노출인구의 크기를 추정할 수 있다.

② **노출매체의 표적고객 수를 추정한다.**
표적고객에게 노출하는 것이 중요하기 때문에 각 매체의 구독자, 접속자 또는 시청자 가운데 표적고객이 차지하는 비율을 측정한 후, 위 '①'에서 추정한 노출 인원수에 적용하여 노출 표적고객의 수를 추정할 수 있다.

③ **보도에 실제로 노출한 인구수를 추정한다.**
해당 신문, 인터넷 사이트 또는 TV 방송사의 뉴스를 시청했다고 해서 이벤트에 대한 보도를 시청했다고 볼 수 없다. 따라서 간단한 여론조사를 통해 실제로 보도에 노출된 인구를 추정할 수 있다. 예를 들어, 매체별 표적 구독자, 접속자 혹은 시청자를 각각 30명이상 표본으로 추출한 후 이 가운데 몇 명이 이벤트에 대한 뉴스를 시청했는지를 알

아보고 해당 백분율을 위 '2'에서 추정한 인원에 적용할 수 있다. 만약 40명 위 표적고객 중 10명(25%)이 신문에서 해당 기사를 구독했고 신문을 구독하는 표적고객수가 1만 명으로 추정되었다면 실제로 기사를 읽은 표적고객 수는 약 2,500명으로 추정될 수 있다는 것이다.

(3) 노출시간의 양 또는 기사의 길이를 측정한다.

① 스포츠이벤트가 방송되는 동안 기업 또는 제품명이 TV에 나타나는 총 시간을 측정하는 것이 가장 보편적이다.

② 인쇄내용의 길이를 이익금으로 계산하기 위해 해당 공간의 크기에 비례하는 광고비를 측정한다.

(4) 노출시간에 따른 이익금을 계산한다.

① 스폰서십 노출시간을 이익금으로 계산하기 위해 해당 TV 방송시간의 광고비를 적용하여 노출시간에 비례하는 광고비를 측정한다.

② 인쇄내용의 길이를 이익금으로 계산하기 위해 해당 공간의 크기에 비례하는 광고비를 측정한다.

2) 인지도의 측정방법

(1) 기업이 얼마나 많은 사람에 의해 스폰서로 기억되고 있는지를 측정한다.

행사가 끝나고 시간이 지날수록 소비자의 스폰서에 대한 기억은 희미해진다. 그래서 시간이 지나도 스폰서로 기억되는 기업은 인지도 측면에서 효과가 있었다고 볼 수 있다.

아래 두 가지 방법은 각각 두 가지 질문으로 특정 기업이 해당 이벤트의 스폰서로 기억되고 있는 정도를 측정하는 것으로 행사가 끝난 즉시 실시하는 것보다 3~4일 후에 실시하는 것이 바람직하다.

① 회상(Recall)에 따른 측정방법

- 어느 기업이 이벤트를 스폰서하였습니까?
- 어느 음료수 회사가 이벤트의 스폰서였습니까?

② 재인식(Recognition)에 따른 측정방법[115)]

- 다음 기업 중 어느 기업이 이벤트의 스폰서였습니까?
- 코카콜라사가 이벤트의 스폰서였습니까?

(2) 기업이 스폰서십 참여로 인해 이전보다 더 많이 인지되는 정도를 알아본다.

스폰서십 참여 전후에 실시한 기업에 대한 인지도(예, 제품, 국가 등) 조사의 결과를 비교하는 방법으로 한 국가의 기업이 다른 국가의 시장에 새로 진출하면서 스포츠 스폰서십에 참여하였을 경우 적용이 가능하다.

3) 이미지변화 측정방법

스포츠스폰서십 참여 전후에 실시한 기업이미지에 대한 전반적 또는 세부적 조사의 결과를 비교하는 방법이다.

4) 접대효과 측정방법

① 초대한 사람 중 몇 명이 왔는지를 센다.

② 접대를 받은 관계자의 태도 또는 행동의 변화를 관찰한다.

115) 소비자 입장에서 인식보다 회상이 더 어려우므로 회상정도가 높을수록 효과가 더 크다고 볼 수 있다.

5) 매출증가 측정방법

스폰서십 참여 이후 매출이 얼마나 증가하였는지를 측정하는 방법이지만 다음 이유로 흔히 적용되고 있지 않다.

① 스폰서십의 효과를 극대화하기 위해서 다른 촉진활동을 병행하는 것이 바람직하며, 이 경우 스폰서십 참여 이후에 나타나는 매출증가는 스폰서십이 아닌 다른 촉진활동에 의한 것일 수 있다.

② 촉진활동에 소비자는 곧바로 반응하지 않는다. 그러므로 스폰서십 참여 이후에 나타나는 매출증가는 기업이 스폰서십에 참여하기 전에 수행한 촉진활동의 결과일 수 있다.

③ 스폰서십 참여 당시 기업의 환경이 변화하면 매출이 영향을 받을 수 있다.

29 올림픽 마케팅

29-1. 올림픽 마케팅의 개요

스포츠를 이용한 마케팅(Marketing through Sport) 활동으로, 기업이 올림픽을 후원하고 그 후원을 토대로 기업의 이미지와 제품판매를 촉진하는 활동이 대표적이다.

29-2. 올림픽 마케팅의 과거

스폰서십이란 용어를 사용하지 않았을 뿐 고대 올림픽부터 참가선수가 후원을 받은 것이 스포츠마케팅의 기원이라 할 수 있다. 그 후 1896년 아테네 올림픽 때 대회후원이 있었으며, 1948년 런던 올림픽에서 최초로 TV 중계권을 판매해서 수익을 올렸고 1972년 뮌헨 올림픽에서 최초로 올림픽마크의 사용권 판매가 등장하였다.

29-3. 올림픽 관련 조직

1) **올림픽 조직위원회**(Organizing Committee of the Olympic Games; OCOG)

올림픽 조직위원회는 올림픽 개최의 총책임을 담당하고 있다. 주요 업무는 원활한 대회운영을 위해 필요한 경기장과 숙박시설을 올림픽 기준에 준하여 제공하고, 그 외에 필요한 인적, 물적 자원을 제공하는 것이다. 통상 이러한 준비를 위해 올림픽조직위원회는 대회 개최년도의 약 7~8년 전에 확정된다.

2) **세계연맹**(International Federations; IF)

각 경기종목마다 각국의 경기연맹이 모여 결성한 세계연맹이 있다. 이 세계연맹은 법규를 제정하며 경기연맹의 운영에 관한 전반적인 감독과 지원을 하고 올림픽에서는 심판 파견 및 경기 운영을 한다.

3) **각국 올림픽위원회**(National Olympic Committee; NOC)

각 국가마다 올림픽위원회가 있으며, 이 올림픽위원회는 각국 내에서 IOC가 주관하는 올림픽 운동(Olympic Movement)을 수행하며 올림픽을 위해서 자국의 대표선수를 선발 및 파견하는 책임을 지고 있다.

29-4. 올림픽마케팅의 발전

1) 올림픽 개최도시의 재정적 어려움

1980년 모스크바 올림픽까지 IOC(International Olympic Committee)의 재정난이 심각했으며, 올림픽 개최도시는 참가국가와 참가선수의 증가로 소요해야 하는 엄청난 비용을 감당하기에 많은 어려움을 겪고 있었다. 대표적인 예로, 캐나다의 몬트리올 시는 1976년 올림픽을 위해 주경기장들을 건립하면서 미화 10억 달러의 부채를 가지게 되었으며, 이 부채는 2006년에 부채를 모두 갚기까지 몬트리올 시민에게 올림픽 유치에 대한 후회와 원망을 갖게 하였다.

2) 1984년 LA 올림픽 당시 역사상 최고 흑자발생

LA 올림픽 유치 당시, LA 시민의 83%가 올림픽 개최에 부정적인 견해를 가지고 있었다. 연방정부, 주정부 그리고 LA 시에서 조차 재정적 지원을 하지 않았음에도 불구하고 LA 올림픽 조직위원장이었던 피터 위버로스(Peter Ueberroth)는 당시 올림픽 역사상 가장 높은 흑자인 2억 2,500만 달러를 기록하였다. 이 흑자운영은 적극적인 '스포츠를 이용한 마케팅'의 수행으로 인해 이루어졌으며, 향후 IOC의 마케팅 정책에 변화를 이끄는 계기가 되었다.

3) 스폰서십 이익의 극대화를 위한 노력

과거와 달리 LA 올림픽 조직위원회는 스폰서가 최대의 스폰서십 효과를 볼 수 있도록 적극적으로 도와 줬으며, 이와 같은 협력 관계는 '스폰서'보다 '파트너'라는 명칭의 사용에서 알 수 있다.

LA 올림픽의 성공요인

아래의 요소가 복합적으로 올림픽의 성공에 기여하였다.

① 기존 인프라의 활용

LA 시는 새로운 경기장의 건설을 제한하고 기존 인프라를 활용하였다.

② 방대한 미국의 소비시장과 미국회사로 국한된 스폰서

대부분의 스폰서는 미국회사로서 미국의 방대한 소비시장을 표적하였다.

③ 미국인의 올림픽에 대한 관심 증대

LA 시에서의 올림픽 개최는 미국인에게 올림픽에 대해 관심을 증가시켰다.

④ 스폰서 수의 감소

1976년 이전에, 올림픽 스폰서십의 참여기회는 모든 기업에게 오픈되어 있어서 1976년 몬트리올 올림픽의 경우 628개의 스폰서가 있었다. 그러나 1984년 LA 올림픽에서는 34개의 공식후원업체(Official Sponsors), 64개의 공식공급업체(Official Suppliers) 그리고 65개의 상품화권자[116] (Licences)로 그 수를 감소시킴으로써 스폰서의 노출도와 인지도를 상승시켰다.

116) 정의 → 186쪽

29-5. TOP 프로그램

1) TOP이란?

지속적이고 안정된 수익이 필요하다는 것을 인식한 IOC는 LA 올림픽의 흑자경영을 계기로 1985년에 TOP(The Olympic Partners) 프로그램을 창안하였다. TOP 프로그램은 12개의 일정한 제품영역(품목)을 규정하고 해당 제품을 생산 및 판매하는 세계적인 기업의 스폰서십 참여를 유도하였으며, 서울 올림픽에서 TOP 1을 선보였다.

❖ 올림픽 파트너 현황

연도	후 원 사
1988	Coca-Cola, Kodak, Visa, 3M, Philips, Time/SI[117), Ricoh, Matsushita[118), Brother (9개사)
1992	Coca-Cola, Kodak, Visa, 3M, Philips, Matsushita, EMS, Brother, Ricoh, Time/SI, Mars, Bausch & Lomb(12개사)
1996	Coca-Cola, Kodak, Visa, Matsushita, Time/SI, UPS, Bausch&Lomb, IBM, Xerox, John Hancock (10개사)
2000	Coca-Cola, Kodak, Visa, Matsushita, Time/SI, UPS, IBM, Xerox, McDonald, John Hancock, Samsung (11개사)
2004	Samsung, Coca-Cola, Atosorigin, John Hancock, Kodak, McDonald, Matsushita, Time/SI, UPS, Visa, Xerox, Swatch (12 개사)
2008	Coca-Cola, Atosorigin, GE, Kodak, Lenovo, Manulife, McDonald, OMEGA, Panasonic, VISA, SAMSUNG (11개사)

2) TOP 참가기업에게 주어지는 혜택

IOC는 올림픽 지원(재정 및 기술 등)을 받는 대가로 기업에게 다음과 같은 권리를 부여한다. LA 올림픽에서 스폰서의 권리는 한 대회에 국한되어 있었

117) SI = Sports Illustrated

118) Matsushita는 국제화를 위해 회사이름이 아닌 Panasonic으로 올림픽을 후원해 왔다.

다면 TOP에 참가하는 스폰서는 올림픽 주기인 4년을 계약기간으로 활동할 수 있으며, 권리는 세계적으로 각 국가에서 동일하게 부여 받는다.

① 제품영역별로 독점성 부여

한 기업이 올림픽 스폰서가 되면 경쟁기업이 올림픽 스폰서가 될 수 없음을 의미한다.

② 올림픽 마크 및 명칭 사용

TOP 프로그램 이전에는 국제올림픽위원회(IOC), 국가올림픽위원회(NOC), 대회조직위원회(OGOC)가 개별적으로 스폰서와 계약했다. 그러나 TOP 프로그램 이후 IOC는 올림픽 마크의 상업적 사용권을 일괄적으로 관리함으로써 스폰서가 IOC, NOC, OCOG의 마케팅 권한을 모두 행사할 수 있도록 하여 다국적 스폰서기업의 권익을 보호해주고 있으며, 확보한 스폰서료 가운데 일부를 각국의 NOC에게 분배[119)]한다.

③ 올림픽을 이용한 판촉활동과 광고의 기회

④ 올림픽 기록보관소의 자료 활용

⑤ 입장권[120)]확보

⑥ 고객접대 기회

⑦ TV 중계방송 시간에 광고할 수 있는 우선 선택권

⑧ 올림픽 전시관의 활용

⑨ 스폰서십의 효과에 대한 연구보고

⑩ 제품을 공급할 수 있는 우선 선택권

올림픽 파트너 중 올림픽 운영에 필요한 핵심기술을 지원하는 파트너들이 있다. 해당 파트너는 경쟁제품의 등장을 방지하고 기술력을 과시하기 위해 자사의 제품을 납품한다.

---

119) 분배에 대한 설명 → 198쪽

120) 스폰서는 판촉활동을 통해 입장권을 상품으로 제공하는 경우가 있다.

⑪ 차기 올림픽 스폰서로 참여할 수 있는 우선 선택권

기존 스폰서는 차기 올림픽의 스폰서십 참여를 우선적으로 선택할 수 있다. 예를 들어 코카콜라사가 차기 대회의 스폰서십 참여를 포기하지 않는다면 펩시콜라사는 올림픽의 파트너가 될 수 없다.

3) 기업들이 TOP에 참여하려는 이유

① 올림픽 자체가 가지고 있는 인류 평화의 공동체적 제전이라는 상징성 및 이미지를 기업의 이미지와 상호 연결할 수 있다.

② 올림픽에 참여하는 유명 선수들의 긍정적인 이미지를 활용함으로써 기업의 제품이미지 또는 브랜드이미지를 향상시킬 수 있다.

③ 올림픽의 스폰서로서 세계적인 기업으로 인지될 수 있다.

④ 올림픽 개최에 필요한 전산, 통신, 영상 관련 제품을 납품하여 국제무대에서 자사의 기술력을 과시하고 첨단기업의 이미지를 제고할 수 있다.

⑤ 매스미디어를 통한 광범위한 매체노출은 적은 비용으로 전 세계의 표적고객에게 도달하는 고효율의 촉진효과를 가져다줄 수 있다.

⑥ 올림픽 스폰서십은 대량의 광고에 노출되어 있는 시청자들의 정보처리 능력의 한계를 극복할 수 있다

⑦ 자사의 제품을 경쟁사의 제품과 차별화시킬 수 있다.

삼성의 올림픽 스폰서십 효과

삼성은 무선통신 부문 올림픽 파트너로 IOC와 계약을 체결함으로써 국내에서는 EMS에 이어, 그리고 아시아에서는 일본의 마쓰시다에 이어 두 번째 올림픽 파트너가 되었다. 올림픽 파트너로 참여함으로써 삼성은 여러 효과를 볼 수 있었다. 먼저, 자사의 휴대폰 등 무선통신 제품을 올림픽 조직위원회에게 납품하여 국제적으로 기술력을 인정받을 수 있었다. 또한 첨단기업의 이미지를 세계적인 브랜드의 이미지로 전환시킬 수 있었으며, 이러한 긍정적 이미지의 변화는 무선통신에 국한되지 않고 삼성의 타제품까지 확대될 것으로 기대할 수 있다. 아울러 삼성은 중요한 외국 거래업체들을 올림픽 현장으로 초청하고 접대하여 삼성의 위상을 확인시켜 주었다.

29-6. 스포츠마케팅 대행사의 역할

TOP 프로그램은 ISL(International Sports Culture & Leisure Marketing)이라는 스포츠마케팅 대행사가 고안하였으며, 이 대행사는 IOC를 대신해서 스폰서 유치 및 관리를 독점적으로 담당하였다. 주요 업무는 마케팅과 관련하여 IOC, 파트너, OCOGs, NOCs 간에 중계자 역할을 수행하고, 프로그램에 대한 세부적 계획, 계약체결, 파트너지원 등을 수행하는 것이다. 하지만 ISL의 협조관계 미흡 및 후속업무처리 미숙으로 2000년 시드니 올림픽부터 ISL이 아닌 Meridian[121]이라는 대행사가 활동하고 있다.

29-7. 올림픽의 방송중계

IOC는 올림픽 방송권에 대한 모든 권한을 가지고 각국의 지상파 방송사에게 TV 중계권을 판매한다. 1988년 서울 올림픽은 160개국, 1992년 바르셀로나 올림픽은 193개국, 그리고 1996년 애틀랜타 올림픽은 214개국에서 중

121) Meridian의 주식은 IOC가 상당한 비중을 소유하고 있어 모든 권한은 IOC가 행사하고 있다.

계되었으며, 이와 같이 중계 국가 수가 확대되면서 올림픽의 연 시청인원도 1988년의 104억 명에서 1992년의 166억 명, 1996년의 196억 명으로 증가하였다. 결국 중계권을 위한 방송사들의 경쟁이 치열해졌으며, 이러한 경쟁으로 인해 중계권료는 천정부지로 치솟았고 아울러 중계권을 갖게 된 방송사는 중계시간을 늘림으로써 더 많은 광고시간을 판매하여 지불한 금액을 회수하려 했다. 하지만 중계방송 경험을 토대로 미래 방송의 질을 향상시키고 대회조직위원회에게 조기자금지원을 마련해 주기 위해 IOC는 현재, 기존 중계사에게 차기 올림픽의 중계권에 대한 우선 계약권을 주는 방안을 고려하고 있다.

29-8. 올림픽의 수익 구조

올림픽 마케팅은 TOP 스폰서십 판매, 지역 스폰서십 판매, TV 중계권 판매, 개회식과 폐회식 및 종목별 경기 입장권 판매, 상품화[122)]권 판매, 기념주화 판매로 크게 나누어지며, 수익금은 비약적으로 증가하고 있다. 여기서 지역스폰서는 올림픽 파트너와 유사한 권리를 가지고 있지만 권리의 행사는 세계가 아닌 개최지에 국한되어 있으며, 4년이 아닌 한 올림픽 대회에 한정되어 있다.

29-9. 올림픽 수익 분배

1) TOP 스폰서십 수익 분배

스포츠마케팅 대행사는 TOP 스폰서십 수익에서 수수료를 공제하고 나머지 수익을 IOC에 지불한다. 그 수익에서 IOC는 10% 미만을 자체수익, 교육

122) 공식상품화권자는 개최지에서 올림픽 관련 제품을 판매할 수 있는 권리를 부여받은 기업들을 말한다.

사업 그리고 올림픽 운동의 기금으로 활용하고 약 50%를 개최지의 조직위원회에게 대회운영을 위한 경비와 선수단의 항공료 및 숙식 지원비로 사용하도록 분배한다. 나머지는 시장규모에 따라 각국의 국가조직위원회 및 경기연맹에게 분배한다.

아래의 표는 연도별로 TOP 프로그램의 총 수익금과 KOC의 총수익금을 나타내고 있다.

(단위 : 만 달러, %)

IOC 수익원	1993-1996	빈도	1997-2000	빈도	2001-2004	빈도
방송중계료	12억 5,100	47.6	18억 4,500	48.9	22억 3,000	53.3
TOP 스폰서십	2억 7,900	10.6	5억 7,900	15.4	6억 6,300	15.8
국내스폰서십	5억 3,400	20.3	6억 5,500	17.4	7억 9,600	19.0
입장권	4억 5,100	17.1	6억 2,500	16.6	4억 1,100	9.8
라이센싱	1억 1,500	4.4	6,600	1.8	8,700	2.1
총액	26억 3,000	100.0	37억 7,000	100.0	41억 8,400	100.0

※ 출처 : 국제올림픽위원회(www.olympic.org)

2) 중계권 판매수익의 분배

대행사가 계약체결에 대한 책임이행으로 수수료를 공제한 후 나머지 중계료 수익 가운데 60%가 대회조직위원회 그리고 40%가 IOC의 운영비와 각 NOC, IF의 지원비로 분배된다.

올림픽 TV 방송권료 수익금

(단위 : 백만US$)

하 계 올 림 픽		동 계 올 림 픽	
대 회 명	수 입 금	대 회 명	수 입 금
1980 Moscow	101	1980 Lake Placid	21
1984 Los Angeles	287	1984 Saraievo	103
1988 Seoul	403	1988 Calgary	325
1992 Barcelona	636	1992 Albertville	292
1996 Atlanta	895	1994 Lillehammer	353
2000 Sydney	1,322.5	1998 Nagano	513
2004 Athens	1,476.5	2002 Salt Lake City	748

3) 대회조직위원회(OCOG)의 수익 분배

TOP의 12개 제품영역과 중복되지 않은 범위에서 OCOG는 자국 내에서 지역스폰서와 공식상품화권자를 유치하고 입장권을 판매하여 수익을 창출할 수 있다. 단 수익의 5%는 IOC에게 지불해야 한다. 따라서 올림픽의 후원사는 올림픽 파트너로 한정되어 있지는 않다. 1988년 서울 올림픽의 경우, 올림픽 파트너는 9개사였으나 후원사는 총 142개의 기업이었다.

29-10. NOC의 마케팅

NOC는 TOP 프로그램의 12개 제품영역과 중복되지 않은 범위에서 NOC의 마크와 명칭 그리고 올림픽 대표선수단의 이미지를 이용하는 별도의 스포츠 마케팅 활동을 전개할 수 있다. 미국의 NOC는 소비자 시장이 방대하여 상당히 큰 수익을 올리고 있다. 한편, KOC는 1990년 이후부터 스포츠마케팅을 시도하였으나 이해부족으로 여행사, 의류 등으로 품목이 극히 제한되었다가 1994년 이후부터 품목을 확대시켰다. 1997년부터는 제일기획을 대행사로 위탁하였으며, 2007년부터는 자체적으로 마케팅활동을 수행해 왔다.

29-11. 올림픽을 이용한 기타 마케팅 활동

1) 앰부시 마케팅[123]
2) 스타마케팅 : 이는 올림픽에 참가하는 스타선수가 특정 제품을 사용함으로써 브랜드와 제품을 홍보하는 활동이다.

30 앰부시 마케팅

스폰서십의 활성화와 함께 앰부시 마케팅도 활성화 되었다.

30-1. 앰부시 마케팅의 정의

앰부시 마케팅이란 한 이벤트에 대해 공식적인 관계가 존재하지 않으면서, 그러한 관계가 있는 것처럼 의도적으로 행동 또는 커뮤니케이션을 하는 활동을 의미한다.

30-2. 유사 용어

보편적으로 사용되고 있는 앰부시 마케팅을 매복마케팅이라 하는 경우가 있다.

123) 효과에 대한 기술 → 177~181쪽

30-3. 앰부시 마케팅 수행자

대부분의 경우, 앰부시 마케터는 공식 스폰서의 경쟁자이다.

30-4. 앰부시 마케팅의 효과

1) 공식 스폰서가 얻을 수 있는 스폰서십의 효과를 어느 정도 얻을 수 있다.

스폰서의 행사기여도를 긍정적으로 인지함으로써 소비자가 스폰서에 대해 갖는 호의는 주요 스폰서십 효과 중 하나이다. 가령 올림픽의 스폰서로서 '산업의 리더인', '우수성에 헌신하는', '사회책임 있는', '혁신적인' 등의 이미지를 창출할 수 있다. 노출은 정규 광고 활동으로도 가능하기 때문에 노출 자체를 주요 목적으로 하지는 않는다.

앰부시마케터와 공식스폰서의 활동유형과 적극성에 따라 앰부시마케터는 공식스폰서와 같은 수준의 효과, 심지어는 더 큰 효과를 볼 수 있다. 물론 더 낮은 효과도 볼 수 있을 것이다.

2) 공식 스폰서의 스폰서십 효과를 어느 정도 약화시킨다.

앰부시 마케팅이 경쟁기업의 스폰서십 효과[124)]를 약화시킬 수 있다. 그러나 특정 제품계열이 지정되어 있지 않은 상황에서, 즉 경쟁기업이 공식 스폰서가 아닌 상황에서도 앰부시 마케팅을 수행할 수 있다.

3) 비용을 절감할 수 있다.

공식 스폰서보다 적은 비용으로 유사한 효과를 볼 수 있다. 하지만 공식 스폰서에 못지않은 혹은 그 이상의 비용을 들일 수도 있다.

---

124) 스폰서십의 효과에 대한 설명 → 177쪽

30-5. 앰부시 마케팅의 활성화 요인

1) 스폰서 수 제한

올림픽의 규모가 커짐에 따라 올림픽 개최비용도 증가하였으며 이에 따라는 1960년의 46개 스폰서가 1976년에는 628개로 증가하였다. 급격히 증가하게 된 배경은 그동안 올림픽 스폰서십 기회가 모두에게 오픈되어 있었기 때문에 앰부시 마케팅이 존재하지 않았다. 하지만 1984년의 올림픽부터 그 수가 제한되었을 뿐만 아니라 한 제품계열에서 한 기업만이 후원할 수 있게 되자, 공식 스폰서의 경쟁기업은 다른 방법으로 올림픽을 이용하는 마케팅을 수행해야 했으며, 이것이 앰부시 마케팅의 탄생으로 이어졌다. 1985년에 설립된 TOP 프로그램2는 주요 스폰서를 12개로 제한함으로써 앰부시 마케팅 활동을 더욱 활성화시켰다. 따라서 앰부시 마케터는 꼭 행사주최자에게 지불해야 하는 스폰서료보다 더 저렴하게 행사를 이용하여 마케팅하려는 목적이 있는 것은 아니었다.

2) 방송권료 증가

방송권료의 증가는 방송시간의 확대로 이어졌다. 더 많은 광고시간을 판매하여 기업으로부터 광고비를 받아 비용을 회수하기 위해서다. 결국 광고시간의 구매는 비공식 스폰서에게도 오픈되어 있다.

3) 스폰서십 영역 증대

올림픽은 기업들이 어떤 전략으로 효과를 극대화 시키는지를 겨루는 공식스폰서와 앰부시마케터 간의 전쟁터이라 할 수 있다. 현재 상업화가 공식스폰서에게만 허락되는 상황에서 비공식 스폰서는 올림픽을 마케팅 위한 수단으로 생각하지 않을 수 없다.

30-6. 앰부시 마케팅의 유형과 사례

아래에 언급한 유형 이외에도 더 많은 활동이 존재하고 있으며, 아래 유형 중에서 행사주최자의 차단으로 더 이상 수행할 수 없는 활동들도 있다.

1) 후원 관련 유형

① 행사의 TV 방송을 후원

후지사가 1984년 LA 올림픽의 공식스폰서였지만, 코닥사가 ABC 방송사의 올림픽 방송을 후원하였다.

② 행사에 참가하는 선수, 팀을 후원

나이키사는 1996년 애틀랜타 올림픽에 참가한 미국 육상팀의 스폰서로서 선수들에게 나이키의 스포츠용품을 착용하도록 하였다. 이 같은 수단이 효과적인 이유는 소비자가 대회보다 자신이 응원하는 팀을 후원하는 기업과 동일시(Identify)하기 때문이다.

③ 행사 관계자를 후원

SK 텔레콤은 2002 한 · 일월드컵 기간에 붉은악마를 후원하고 길거리 응원전을 주도함으로써 공식스폰서인 KTF의 스폰서십 효과를 악화시켰다.

2) 광고 관련 유형

① 경기중계방송 전후에 또는 중간에 광고

1984년 LA 올림픽의 스폰서가 아닌 코닥이 경기중계 도중에 광고한 것을 예로 들 수 있다. 이 같은 행위는 과거에 흔했으나 지금은 드물다. 그 이유는 스폰서의 권리를 보호하기 위해 방송사가 스폰서에게 우선적으로 광고시간을 판매하거나 공식스폰서의 경쟁자가 광고하지 못하도록 제한하고 있기 때문이다.

② 공식 스폰서를 광고로 공략

1994년 릴레함메르 올림픽 기간 동안, 아메리칸 익스프레스 신용카드사는 TV광고를 통해 스폰서인 비자 신용카드사를 공략하였다. 광고내용은 "만약 당신이 이번 겨울에 노르웨이를 방문하고자 한다면, 여권만 준비하세요. 비자는 필요 없습니다"이었다. 이에 대해 한 쇼핑센터에서 소비자들을 대상으로 조사를 실시한 결과, 약 54%의 응답자가 아메리칸 익스프레스의 광고내용은 노르웨이에서 비자를 사용할 수 없다는 것으로 느껴졌다고 말했다.

③ 대회에 참가하는 선수를 모델로 광고

바르셀로나 올림픽 때 펩시콜라사는 올림픽에 참가하는 농구선수 매직 존슨을 모델로 이용하여 광고하였고, 나이키사는 농구선수 찰스 바클리와 마이클 조던을 모델로 이용하여 광고 하였다. 이때 공식 스폰서는 코카콜라사와 리복사이었다.

④ 경기장 주변에 광고

1996년 애틀랜타 올림픽에서 후지사는 도처에 미국 10종 경기 챔피언인 오브니언의 사진을 18개 옥외광고판에 게재하였으며, 2008년 베이징 올림픽에 나이키사는 버스정류장과 지하철역에서 또는 버스와 지하철 렙핑으로 교통광고를 하였다.

⑤ **대회관련 이미지를 이용하여 광고**

1994년 동계올림픽이 개최중인 시기에 패스트 푸드점인 웬디스(Wendy's)사는 대회를 직접 언급하지 않고 설립자이며 회장인 '데이브 토마스'가 봅슬레이부터 피겨스케이팅까지 출전 종목을 찾아 헤매는 광고를 내보냈다. 당시 공식 후원사는 '맥도날드'였다.

또한 2008년 북경 올림픽에 스카이라이프는 '베이징'이라는 단어와 뒤편에 올림픽종목을 나타내는 그림을 사용하여 앰부시 마케팅을 하였다.

⑥ **대회의 성공을 기원하는 광고**

1988년 서울올림픽에서 후지사는 "서울올림픽의 성공을 기원합니다"라는 카피와 함께 대대적인 광고공세를 펼쳤다.

3) 경품행사 관련 유형

① **경품(추첨)행사를 통해 경기 주체를 알리는 것**

1990년에 펩시콜라사는 NHL의 결승전 입장권을 얻을 수 있는 행운을 병뚜껑에 표시하는 '다이어트 펩시 프로 하키 결승전 경품행사'를 성공적으로 진행하였다.

② **경품(추첨)행사를 통해 경기 장소를 알리는 것**

2000년 시드니 올림픽을 앞두고 나이키사는 한 국내 마라톤대회의 완주자 가운데 몇 명을 선정하는 추첨행사를 진행하여 시드니를 관광할 수 있도록 하였다.

③ **경기장 주변에 경품행사를 진행**

나이키사는 한 경기장 주변에 대형 트럭을 세워 두고 자사 로고가 찍힌 상품을 무료로 나누어 주었으며, 보령제약은 월드컵의 거리응원을 위해 모인 시민들에게 비타민 C 과립제인 보령센스비타씨산을 나눠줬다.

④ **촉진활동으로 대회 상품이나 입장권을 이용**

자사 촉진활동의 상품으로 대회의 입장권이나 로고상품을 마련하는 것을 예로 들 수 있다.

4) 기타 관련 유형

① **관중을 이용**

1996년 애틀랜타 올림픽에서 모 회사는 로고가 새겨진 티셔츠를 입은 응원자를 관중석에 배치시키고 TV 카메라의 관심을 유도하였다.

② **개최도시에 이벤트를 진행**

나이키사는 1998년 프랑스 월드컵 기간 동안 파리 시내중심지에 대형 테마공원 'NIKE PARK'를 설치하였고, 2002년 한일 월드컵 기간 동안에는 'NIKE VILLAGE'라는 행사장을 설치하여 내국인과 관광객들의 방문을 유도하였다.

> 예를 들어, 파란색을 상징으로 하는 펩시콜라는 2008년 북경 올림픽에서 붉은 캔에 담긴 '빨강 펩시'를 출시하였다.

30-7. 앰부시 마케팅의 합법성

앰부시 마케팅은 처음에는 교활하고 비윤리적이며 공정하지 않은 수단으로 여겨졌으나 최근에는 합법적인 마케팅 전략으로 인정받고 있다. 실제로 많은 앰부시 마케팅은 현재 불법행위를 구분하는 선에 매우 가까이 접근해 있으면서 합법적으로 수행되고 있다.

30-8. 앰부시 마케팅의 효과 측정방법

올림픽에서 이루어진 앰부시 마케팅을 토대로 효과가 측정되어 왔다. 측정은 주로 앰부시 마케터와 공식 스폰서가 각각 회상(recall) 또는 재인식(recognition)되는 정도를 비교하는 방법으로 이루어졌다. 이미지 또는 판매효과를 측정하여 비교하는 경우는 없었다.

30-9. 앰부시 마케팅이 성공하는 경우

1) 공식스폰서가 공식 관계를 충분히 강조하지 않는 경우
2) 공식스폰서가 특정 행사를 지속적으로 후원하지 않고 한번 또는 가끔 후원하는 경우
3) 행사주최자 측에서 스폰서의 권리를 보호하지 않는 경우
4) 공식 스폰서십과 앰부시 마케팅에 대한 소비자의 지식이 부족한 경우
5) 스폰서의 권리를 보호하는 법에 허점이 있는 경우
6) 공식스폰서의 권리를 보호하는데 도움을 줄 수 있는 관계자(예, 방송사, 라이센시) 간에 협력이 부족한 경우

30-10. 앰부시 마케팅에 대한 염려

앰부시 마케팅 때문에 공식스폰서의 스폰서십 효과가 약화되면, 즉 비용

에 비해 이익이 적게 나타난다면 기업의 스폰서십 프로그램의 가치에 대한 기업의 인식이 감소할 것이다. 이에 따라 기업의 스폰서십 참여가 감소하거나 스폰서료의 절감이 요구될 수 있으며, 결국 대회의 준비와 진행을 위한 예산이 감소하여 대회의 질에 부정적 영향을 미칠 가능성이 있다.

30-11. 법적 제제에도 불구하고 앰부시 마케팅이 지속되는 이유

1) 법적으로 대응할 수 있는 시간이 부족하다.

대부분의 앰부시 마케팅 캠페인은 단기간에 끝난다.

2) 스폰서의 권리를 침해한다는 사실을 증명하기 어렵다.

만약 증명할 수 있다 하더라도 많은 비용, 시간 및 노력이 필요하기 때문에 주최 측이나 공식 스폰서가 앰부시 마케터를 고소하는 경우는 매우 드물다.

3) 특정 경우에만 법을 적용할 수 있다.

① '우리는 공식후원업체가 아닙니다'와 같이 부인하는 문구를 게재하면 앰부시 마케터는 공식 스폰서의 고소를 방지할 수 있다.

② 행사의 공식명칭을 사용하지 않고 일반적 명칭만을 사용하면 앰부시 마케터는 공식 스폰서의 고소를 방지할 수 있다. 예를 들어 펩시콜라사는 스탠리컵이라는 등록상표를 전혀 사용하지 않고 단순히 'NHL 결승전'이라는 일반적인 명칭만을 사용하여 앰부시 마케팅의 효과를 얻으면서도 고소당하지 않을 수 있었다.

4) 법원의 판결이 앰부시 마케터에게 유리하게 내려져서 역습을 당할 수 있다.

NHL주최자는 공식 스폰서인 코카콜라사의 권리를 보호하기 위해 앞에서 언급한 펩시콜라의 병뚜껑 판촉활동을 고소하였으나 판결은 펩시에게 유리하게 내려졌다. 이처럼 앰부시마케팅에 관하여 공식스폰서가 법정의 지지를 얻을 것이라는 보장이 없다. 게다가 앰부시 마케팅과 관련된 판례가 적어서 법원의 판결이 앰부시 마케터에게 유리하게 나온다면, 이것은 앰부시 마케팅 캠페인을 전개하려는 다른 기업들을 부추기게 될 것이다. 즉, 판결은 불확실하며 비용은 크고 이전과 같은 결과를 초래할 수 있기 때문에 앰부시 마케팅 문제는 주로 개인적으로 해결한다.

5) 벌금 또는 보상금은 앰부시마케팅의 효과에 비해 적을 수 있다.

30-12. 공식스폰서의 앰부시 마케팅 방지 방법

1) 과거에 이용 수단을 차단한다.

과거에 이용되었던 앰부시 마케팅 수단이 다시 이용되지 못하도록 조치하는 것을 의미한다. 그 예로 앰부시 마케터가 중계방송시간에 또는 행사장 주변에 광고하는 것과 올림픽 참가 팀을 후원하는 것을 막는 것을 들 수 있다.

2) 잠재적 수단을 예측하고 미리 차단한다.

과거의 수단을 차단하면 앰부시 마케터는 창의적인 새로운 아이디어를 모색할 것이다. 하지만 이렇게 공식스폰서는 앰부시 마케팅에 맞서 싸울 수는 있지만 결국 없애지는 못할 것이다.

3) 후원관계에 대한 강한 메시지를 심어준다.

이는 해당 기업이 자사가 올림픽의 공식 스폰서라는 점을 강조하는 광고를 만드는 이유이다.

30-13. 앰부시 마케팅 예방의 책임자

행사 주최자가 스폰서십 권리를 판매하였기 때문에 그 권리를 보호해 주어야 한다. 그러므로 앰부시 마케팅에 대응하거나 앰부시 마케팅을 예방하는 책임 또한 행사 주최자의 몫이다.

30-14. IOC의 앰부시 마케팅 방지 방법

단기적 앰부시 마케팅 활동을 어떻게 중지시키고 장기적 앰부시 마케팅 활동을 어떻게 방지하느냐는 IOC의 관심사이다. 지금까지 IOC가 앰부시 마케팅 수단을 차단하기 위해 사용해 왔던 방법은 크게 자산권, 이벤트 환경 및 이벤트 파트너의 통제와 교육적 PR활동으로 구분할 수 있다.

1) 자산권의 통제

(1) 개최국가, 지방자치단체 또는 조직위원회에게 스폰서의 권리를 보호해 줄 것을 요구한다.

특히 마크와 엠블램에 비해 이벤트명의 사용은 법적으로 보호받기가 어려우므로 개최도시에게 특정 표현(예, 시드니 2000)의 사용을 법적으로 금지하도록 하여야 한다. 이와 같은 보호 프로그램의 최하 기준이 유치관련 서류에 포함되어야 한다.

(2) 마크, 엠블렘, 마스코트를 모두 트레이드마크로 등록한다.

엠브램 또는 로고의 지적재산권을 등록하면 타인에 의해 상업적인 목적으로 모방된다 하더라도 법적으로 대응할 수 있다. 그러므로 올림픽의 개최를 희망하는 도시에는 지적재산권의 정부등록이 가능해야 한다.

(3) 관계자에게 스폰서의 권리를 명확하게 인지시킨다.

개최국가, 지방자치단체 또는 조직위원회에게 스폰서의 권리를 보호해줄 것을 요구한다.

특히 마크와 엠블램에 비해 이벤트명의 사용은 법적으로 보호받기가 어려우므로 개최도시에게 특정 표현(예, 시드니 2000)의 사용을 법적으로 금지하도록 한다. 이와 같이 보호 프로그램의 최하 기준이 유치관련 서류에 포함되어야 한다.

(4) 불공정 경쟁, 오해할 수 있는 광고 등을 관리하는 법적 대안을 이용한다.

거짓광고, 오해할 수 있는 광고 또는 과장광고를 통제하려는 노력이 있다면 앰부시 마케팅은 통제의 대상이 될 수 있다. 또한 국제 라이센싱 프로그램만으로 보호받지 못할 수 있기 때문에 다른 법적 대안이 필요할 수 있다. 그 예로 미국의 상표법인 Lanham Act에서는 앰부시마케팅 기업이 경기와 관련된 마크나 심볼을 무단으로 사용하면, 스폰서 기업이 그로 인해 입은 손해를 배상받도록 규정하고 있다.

2) 이벤트 환경의 통제

(1) '깨끗한' 경기장을 마련한다.

① 모든 유형의 상업적 활동을 통제한다.
이는 식음료 판매, 기념품 판매, 길거리 판매, 경기장 주변에 있는 옥외광고, 관중에게 노출되는 건물, 공중광고까지 통제하는 것을 의미한다.

② 관객의 소유물 통해 공식스폰서가 아닌 기업의 브랜드명이나 로고가 경기장 안에서 나타나지 않도록 한다.
입장조건은 입장료에 인쇄되어 있다. 필요시 입장을 거절하거나 퇴장

시킨다. 오늘날, 다양한 외국어를 구사할 수 있는 감시원들이 입장객의 복장을 스크리닝 하고 있다. 문제가 있는 의류가 발견될 경우에는 옷을 벗도록 하거나 뒤집어 입히도록 하고 있으며 필요시 입장을 거절하거나 퇴장시킨다. 끝으로 이에 관한 입장조건은 입장료에 인쇄되어 있다.

(2) 스폰서의 특정 서비스나 제품 사용을 의무화 한다.

(3) 대회, 선수, 경기장에 관한 역사적인 이미지를 구매하고 통제한다.

유의할 점은 대회나 선수의 이미지는 보호받아도 경기장 이미지는 보호받지 못하는 경우가 많다.

(4) 위반사항을 감시한다.

특정 조직의 설립을 포함한 스폰서십보호 프로그램을 만들어 올림픽 경기장, 방송 및 인터넷 웹사이트를 모두 감시한다. 위반사항이 발생할 경우, 중지명령을 내리고 피해에 따라 보상받을 수 있다. 심지어 주변에 판매되고 있는 문제 물품을 직접 강탈할 수 있다.

(5) 법적으로 해결할 준비를 한다.

애틀랜타 올림픽에서 앰부시 마케팅 활동을 중지하라는 공문이 약 4000통이나 보내졌다. 이러한 공문으로 앰부시 마케팅 활동을 중지하지 않으면 법적으로 대응하겠다고 위협만 해도 효과가 있었다고 한다. 대응을 하기 위해서는 관련 법에 대한 지식이 요구되며 마케팅에 대한 신속한 정보수집과 전달 역시 요구된다. 또한 약한 대상을 고소하여 긍정적 판결이 나오도록 하여 판례를 만들어 잠재적 앰부시 마케터를 경고하는 것이 전략적이다.

3) 협력자의 통제

협상의 힘 주도권이 행사 주최자에게 있을 경우 아래 조항을 계약시 포함하는 것이 바람직하다.

① 개인선수가 마스코트나 심벌을 이용하는 것을 금지한다.

② 방송사와 협조한다.
공식 스폰서에게 방송후원이나 광고를 우선적으로 할 수 있는 기회를 제공하고, 비스폰서의 광고에서 대회명이나 이미지의 사용을 금지하도록 한다. 또한 가상(virtual) 광고를 금지하도록 한다.

③ 사진 또는 동영상 이미지의 사용을 제한한다.
이미지는 승인한 사진사만 찍을 수 있고 상업목적으로 판매할 수 없음을 의미한다.

④ 입장권 및 라이센스 제품을 비스폰서 기업에게 판매할 수 없도록 한다. 예를 들어, 라이센시는 상품으로 라이센스 제품을 비스폰서 기업에게 라이센스 제품을 판매할 수 없으며, 공식 입장료 판매자는 고객접대 위해 또는 상품으로 입장료를 이용하려는 비스폰서 기업에게 입장료를 판매할 수 없다.

⑤ 라이센스 계약에 연합촉진 또는 재하청(Sublicensing)을 금지한다.

⑥ 특정 의류/신발 브랜드의 착용을 금지한다.

⑦ 공식 스폰서로 활동하길 희망한 기업으로 하여금 거절당해도 앰부시 마케팅을 하지 않겠다고 미리 약속하도록 한다.

⑧ 특정 팀과 연관되는 기업이 앰부시 마케팅을 할 경우, 팀의 활동을 제한한다.

⑨ 허락받지 않은 인쇄물의 배포를 금지하고 같은 인쇄물에 광고하는 것도 금지한다. 또한 허락받은 인쇄물은 공식스폰서에게 공간 확보에 대한 우선권을 마련하도록 한다.

4) 스폰서십과 앰부시 마케팅에 대한 교육

(1) 소비자를 대상으로 교육을 실시한다.

앰부시 마케팅은 소비자가 공식 스폰서는 누구이며, 그들의 권리가 무엇이며, 올림픽 개최에 있어서 그들의 역할이 무엇인가에 대한 지식을 충분히 인지하고 있는 환경에서는 성공할 수 없다. 그러나 IOC는 이 같은 교육 또는 정보의 제공에 소홀했고 이에 따라 소비자들이 공식 스폰서와 앰부시 마케터를 구분하는 데 어려움이 있었다. 그러므로 공식스폰서 또는 앰부시 마케팅에 대한 교육이 요구되며 이러한 활동들은 앰부시 마케팅이 소비자에게 어떻게 지각되는지에 영향을 미칠 것이다.

(2) 의견 선두자(Opinion Leader)와 미디어를 대상으로 교육을 실시한다.

한 예로, 1996년 올림픽의 개최 15개월 전, 스폰서보호단체는 앰부시 마케팅을 비난하는 쪽지를 1600여개 커뮤니케이션 에이전시(라디오와 TV 방송사 포함)에게 배포하였고, 16,000회의 전화통화를 통해 마크와 용어사용에 대해 설명하였다. 이는 앰부시 마케팅이 어떻게 지각 또는 보고될 것인가에 영향을 미칠 것이다.

(3) 출입국 심사관에게 교육을 실시한다.

금지물품의 반입을 막기 위해서이다.

(4) 해당자들에게 앰부시 예방 프로그램 관련 워크숍에 참가할 것을 요구한다.

31 스포츠라이센싱

31-1. 라이센싱의 정의

라이센싱(Licensing)은 개인이나 조직이 자신의 지적재산권(Intellectual property)을 일정 기간 동안 타인에게 사용할 수 있도록 권리를 부여하는 활동이다.

여기서 지적재산권은 이름, 초상, 로고, 이미지, 표현, 싸인, 캐릭터 등을 의미하며, 이와 같은 무형자산(intangible asset)이 타인에 의해 생산과정에서 부착되고 판매되는 제품을 라이센스 제품(licensed products)[125]이라 한다.

31-2. 라이센싱 관계자

31-3. 라이센싱의 분류

1) 판매 라이센싱(Sales Licensing)

타인의 판매제품에 소유하고 있는 자산의 사용을 허가하는 것을 의미하며, 아래와 같이 분류할 수 있다.

(1) 자산에 따른 분류

① **캐릭터 또는 인터테인먼트 라이센싱** : 만화, TV 프로그램, 영화, 비디오 게임의 캐릭터를 사용

125) 로고제품으로 알고 있는 소비자들이 많다.

② **기업 브랜드 라이센싱** : 기업명, 기업로고나 브랜드명을 사용
③ **패션 라이센싱** : 디자이너 이름을 사용
④ **스포츠 라이센싱** : 팀, 스포츠단체 또는 스포츠행사의 명칭을 사용
⑤ **대학 라이센싱** : 대학의 명칭을 사용
⑥ **예술 라이센싱** : 예술작품의 이미지를 사용
⑦ **기타**

(2) 계약에 따른 분류

① **독점 라이센싱**(exclusive licensing) : 한 가지 계열의 제품을 한 지역에서만 판매하는 것을 허가한다. 이는 라이센시[126)]에게 보다 많은 이익을 제공하며 가짜 상품도 손쉽게 구분할 수 있다.
② **비독점 라이센싱**(nonexclusive licensing) : 두 개 이상의 라이센시가 동일한 계열의 제품을 동일한 지역에서 판매하는 것을 허가한다. 이와 같은 계약은 생산자간에 치열한 경쟁, 그리고 품질저하를 유도하기 때문에 회피하고 있는 추세이다.
③ **공통 라이센싱**(joint-use licensing) : 두 개 이상의 라이센서가 동일한 판매제품에 지적재산권이 사용되는 것을 허가한다.
④ **크로스 라이센싱**(cross licensing) : 두 개 이상의 기업이 상대방에게 자신의 지적재산권의 판매 사용을 허가한다.

2) 촉진 라이센싱(Promotional Licensing)

타인이 촉진활동을 위해 사용하고자 하는 제품에 소유하는 자산의 사용을 허가하는 것을 의미한다. 예를 들어, 디즈니사는 맥도날드사로 하여금 해피밀 구매자에게 디즈니 캐릭터 장남감을 제공할 수 있도록 한 경우들이 있었다.

126) 라이센시와 라이센서의 정의 → 221쪽

31-4. 스포츠라이센싱의 장점

1) 라이센서의 입장

① 연구개발, 설비 및 인력에 대한 큰 투자 없이 제품을 확장시킬 수 있다.

② 브랜드를 보다 많은 소비자들에게 노출시켜서 브랜드의 인지도를 향상시킬 수 있다.

③ 이윤을 창출할 수 있다. 왜냐하면 라이센시는 제품별로 판매수량에 비례하는 금액을 로열티로 라이센서에게 지불하며, 최소한의 로열티 수익을 미니멈 개런티(minimum guarantee)로 보장한다.

2) 라이센시의 입장

① 제품 차별화

② 이미지 제고

③ 제품가치 상승

④ 라이센서의 명성이나 신용에 편승한 신뢰 획득

⑤ 신규고객 유치

⑥ 판매증진에 따른 수익 증대

⑦ 즉각 제품인지

31-5. 스포츠라이센싱의 단점

1) 라이센서의 입장

라이센스 제품의 품질이 낮거나 라이센스 제품이 할인매장에 판매될 경우 라이센서의 이미지가 부정적인 영향을 받을 수 있다.

2) 라이센시의 입장

스포츠 라이센싱의 경우, 라이센시의 수익은 스포츠이벤트, 종목 또는 팀의 인기에 의해 영향을 받는다. 또한 제품의 실패로 라이센시는 투자비용을 손해보게 된다. 뿐만 아니라 판매가 이루어지지 않더라도 라이센시는 라이센서에게 보장한 최소 로열티를 지불해야 한다.

3) 양자의 입장

로고의 도용 또는 복제품으로 인해 실제 라이센스 제품의 이미지가 나빠지고 판매가 감소할 우려가 있다.

복제품의 방지 노력

① 경기장 또는 행사장 주변을 순찰한다.
② 대부분의 복제품이 중국에서 들어오기 때문에 해당 검색관을 대상으로 교육을 실시한다.
③ 소비자에게 복제품 판매에 대해 주의시키고 복제품을 알아볼 수 있도록 교육을 실시한다.

31-6. 스포츠라이센싱 사업의 발전에 기여한 요소

스포츠라이센싱 사업의 발전에 기여한 요소는 다음과 같다.

1) 방송증가로 인한 스포츠의 인기증가
2) 인쇄기술의 발전
3) 스포츠단체의 재정문제 : 대부분의 프로스포츠 구단의 수익은 입장료 수입에 의존하고 있기 때문에 적자운영을 하고 있는 실정이다. 이러한 상황은 스포츠 단체가 새로운 수익원을 찾게 하는 동기가 되었다.

31-7. 라이센싱 계약의 성립 조건

1) 판권

특정 아이디어가 유형적 형태(예, 그림, 시트 뮤직, 사진, 비디오테이프, 컴퓨터 파일)를 가지게 되면 판권(Copyright: '©'로 표기)은 자동적이다[127]. 그러나 유형적 형태의 아이디어를 추가적으로 정부에 등록(Registration: '®'로 표기)시킬 수 있는 국가들이 있다. 정부 등록은 반드시 해야 하는 것은 아니지만 라이센싱 프로그램을 운영하는 개인이나 스포츠단체에게 등록은 필요 시 판권을 쉽게 증명해 줄 수 있으므로 매우 중요하다.

2) 트레이드마크

마찬가지로 트레이드마크(Trademark: 'TM'으로 표기)도 등록 없이 보호

127) 직원이 책임업무로 특정 디자인이나 표현을 만들거나 이름을 지었을 경우, 판권의 소유자는 직원이 아닌 고용회사이다.

받을 수 있지만, 트레이드마크를 독점으로 사용하고 타인에게 사용을 허락하는 기업에게는 정부 등록[128]이 필요하다. 이와 같은 정보등록은 비용이 들며, 한번으로 끝나는 것이 아니라 정기적으로 이루어진다.

31-8. 라이센싱 관계자의 역할

라이센서(licensor)는 자산의 사용을 허락하는 개인이나 단체이며, 라이센시(licensee)는 자산의 사용을 허락받는 개인이나 단체이다. 또한 라이센싱 에이전트는 라이센서 위해 라이센싱 프로그램의 관리를 대행하는 전문가이며, 라이센싱 상담자(consultant)는 라이센서를 위해 라이센싱에 대한 상담 및 지원을 제공하는 외부 전문가이다.

1) 라이센서의 역할

① 디자인을 개발하고 등록한다.

② 라이센싱에 관한 정책과 절차를 문서화하고 프로그램을 표준화 한다.

③ '②'에 언급한 문서를 잠재적 라이센시에게 제공한다.

④ 잠재적 라이센시로 하여금 신청하도록 하며, 증빙서류와 직접 관찰할 수 있는 제품을 함께 받는다.

⑤ 적합한 라이센시를 선별한다.

라이센시 선정기준

① 사업기간	② 기업 규모
③ 제품계열	④ 제품 품질
⑤ 연간 매출액	⑥ 재무구조
⑦ 유통구조	⑧ 신용
⑨ 과거 라이센싱 참여 경험	⑩ 라이센스 제품의 마케팅 전략

128) R 글자는 'registered'를 의미한다.

⑥ 선정 라이센시의 추진 제품을 승인한다.

⑦ 라이센시의 자산 사용을 감시한다.

⑧ 복제품으로 인한 문제들을 방지한다.

⑨ 라이센싱 수익을 관리한다.

라이센싱 사업 시작 전 고려사항

라이센싱 사업이 조직의 발전과 부합하는 정도와 라이센싱 사업을 성공시키고자 하는 조직의 의욕 정도를 고려해야 한다. 의욕은 라이센싱과 관련된 업무가 위에서 언급한 것과 같이 많기 때문이다.

2) 라이센시의 역할

라이센서가 승인한 제품을 생산, 유통 및 판매한다.

3) 라이센서와 라이센시의 공통 역할

두 관계자는 라이센스 제품을 함께 마케팅한다. 라이센소는 주로 소매상인에게 제품을 알리고[129] 브랜드 이미지 강화에 힘쓰며, 라이센시는 소비자에게 제품을 알린다. 이와 같은 라이센소와 라이센시간의 파트너십을 지속하려면 전반적인 마케팅에 대한 장기 계획을 상의해야 함으로 양자의 원활한 의사소통은 매우 중요하다.

31-6. 로열티

로열티(Royalty)는 라이센스 제품의 판매수익에서 라이센시가 일정한 비율을 계산하여 라이센서에게 지불해야 하는 금액이다. 일반적으로 이 로열티는 판매한 라이센스 제품의 도매가격의 6~10%이다.

129) 라이센서는 카탈로그와 전시회를 통해 소매상인에게 제품을 알릴 수 있다.

미국의 경우, 라이센서는 라이센시의 정확한 로열티 지불을 유도하기 위해서 무작위로 몇몇 라이센시를 선정한 후 정확한 판매량을 파악한다.

31-7. 자회사와 통합 라이센싱

미국의 경우, 각각의 프로스포츠 리그 위해 라이센싱 프로그램을 관리하는 자회사(예, MLB Properties, NBA Properties, NFL Properties)가 있다. 이들 자회사는 리그 소속 구단의 자산을 모두 관리함으로써 구단의 개별적 관리보다 관리비용을 절감시키기 때문에 더 효율적이다. 또한 특정 구단의 이미지를 이용한 상품이 상대적으로 T더 많이 또는 더 적게 판매되었는가와 상관없이 전체 로열티 수익을 각 구단에게 공평하게 분배되고 있다.

한국의 경우, KBO는 KBO Properties라는 마케팅 자회사가 있으나, 이 자회사는 통합적으로 스폰서십과 방송중계권을 관리하고 있을 뿐 라이센싱 사업을 관리하지는 않는다. 과거에 KBOP가 통합 라이센싱 마케팅을 시도하다가 실패한 후, 라이센싱 수익 사업권이 다시 각 프로구단으로 분산된 것이다. KBL도 통합 라이센싱 마케팅을 시도하다가 실패하였으며, 현재 KBL과 K-리그는 마케팅 자회사가 없으며, 통합 라이센싱 마케팅을 시행하지 않고 있다.

31-8. 국내 프로스포츠 라이센싱 사업의 현황

1) 국내에서는 야구, 축구, 농구 등 3개 연맹이 라이센싱 사업을 가장 활발하게 시행하고 있으나 미국에서는 새로운 스포츠단체(예, 축구, X-게임)들이 라이센싱 사업을 시작하고 있으며, 새로운 상품들이 라이센스 제품으로 등장하고 있다. 특히 침대이불, 시계 등 홈데코 상품과 애견동물 상품들이 인기를 모으고 있다.
2) 국내에서 인기 스포츠라 하더라도 라이센스 제품의 대중성이 낮고, 시

장의 규모가 작아서 아직 국내 라이센싱 사업은 미흡한 실정이다. 이러한 이유 때문에 국내에서 열린 2002년 월드컵의 공식상품화권자 사업에 참여한 업체들이 실패했다고 볼 수 있다.

3) 다수의 라이센시가 규모가 작은 시장을 나눠 가지려다보니 수익성이 더욱 낮아져서 국내 라이센싱 사업이 실패하는 경우가 있다. 최근에는 라이센시 수가 감소하고 독점 라이센싱이 증가하고 있는 추세이다.
4) 라이센소가 시장상황에 맞지 않게 최소 로열티 금액을 높게 책정하는 경우도 라이센싱 사업의 실패 원인 중 하나
5) 기존 라이센시의 실패로 라이센싱에 대한 신뢰도가 하락하였다.
6) 라이센싱 전문가들이 부족하다.
7) 과거에는 국내 라이센서와 라이센시 간의 커뮤니케이션, 이해 및 협력이 부족하였으나 최근에는 그 필요성이 인지되었다.
8) 과거에는 제품품질과 디자인이 우수하지 못했으나 최근에는 발전하고 있다. 그러나 각각 구단이 개별적으로 라이센싱 사업을 진행해야 할 경우 몇몇 인기 구단을 제외한 대부분의 구단에게 저가의 한정된 상품만을 제작할 수밖에 없는 현실적 한계가 있다.
9) 미국의 경우, 라이센스 제품은 경기장뿐만 아니라 백화점에서 또한 우편으로 구매가 가능하다. 심지어 국제 라이센싱 프로그램이 증가하고 있으며, 그 예로 한국은 MLB 야구모자와 맨유(Manchester United) 의류의 라이센싱 수익에 기여하고 있다.

   그러나 국내에서는 경기장 이외 라이센스 제품을 판매하는 곳이 없어서 유통판매가 미약하다. 이와 관련하여 프로스포츠 라이센싱 전문가인 조이포스의 한남희 사장은 경기장의 매장을 개방형으로 신축하여 팬들의 시선을 사로잡을 수 있는 관람 공간으로 만들어야 하며, 구단의 연고지역에서 오프라인 매장을 형성하고 온라인 사업을 확대해야

한다고 주장하고 있다.

31-9. 라이센싱 계약의 핵심 조항

Sherman(1991, pp.330-331)[130]은 라이센싱 계약에 포함되어야 할 핵심조항을 아래와 같이 제시하였으며, 라이센시가 이들 조항을 어길 때 계약은 무효가 된다.

① 영역과 독점의 경계
② 양도 가능성과 부수적인 권리
③ 자산과 라이센서 제품의 정의
④ 품질관리와 품질인증
⑤ 도안과 디자인의 소유권
⑥ 계약연장 및 해지조건
⑦ 작업표준
⑧ 선금과 로열티
⑨ 손해배상
⑩ 상표권 침해의 준수의무
⑪ 최소한의 광고 및 프로모션 보장
⑫ 라이센서의 감사권
⑬ 업자의 정산 및 수량체크
⑭ 라이센서의 기술 및 판촉 협력
⑮ 캐릭터 변형이나 확장에 대한 1차 거부권
⑯ 라이센서 재산권에 대한 설명 및 보증
⑰ 업자가 관련되거나 소속된 조직의 유통에 대한 제한

130) Sherman, A. J. (1991). Franchising and licensing: Two ways to build your business. New York; American Management Association.

32 선수 인도스먼트

32-1. 선수 인도스먼트의 정의

유명한 스포츠 스타가 특정 상품이나 서비스에 대한 호의를 문서 또는 구두로 직접 표현하거나 드러내는, 즉 보증하는 활동을 의미한다.

비록 우리말로 선수보증광고라고 불리고 있으나 인도스먼트는 광고활동으로만 한정되어 있지 않다는 점을 유의해야 한다.

32-2. 보증의 유형

보증의 유형은 1) '나는 이 제품을 보증한다'와 같이 명확할 수 있고, 2) '나는 이 제품을 사용한다'와 같이 암시적일 수 있으며, 3) '당신은 이 제품을 사용해야 한다'와 같이 당연시할 수 있다. 또한 구두에 의한 것이 아니라면 4) 단순히 제품과 같이 나타나는 것으로도 제품을 보증할 수 있다.

32-3. 용어의 이해

영어로 제품보증을 product endorsement라 하고 제품을 보증하는 사람을 endorser라 한다. 또한 유명인이 제품을 보증하는 경우를 유명인 인도스먼트(celebrity endorsement)라 하며 선수가 제품을 보증하는 경우를 선수 인도스먼트(athlete endorsement)라 한다. 그러나 제품을 보증하는 선수 또한 유명한 인물이기 때문에 celebrity endorsement라는 주제 아래에 다루어지는 경우가 많다.

32-4. 선수 인도스먼트와 스폰서십의 차이

두 용어는 흔히 같은 의미로 사용되는 경우가 많다. 그 이유는 기업이 선수에게 일정금액을 지불하고 그 대가로 선수를 이용하여 자사 제품을 촉진하는 공통점이 있기 때문이다. 그러나 차이점은 아래와 같이 분명하다.

1) 스폰서십과 달리 인도스먼트는 계약한 선수를 고용하는 성격이 더 크다. 스폰서십에서 기업이 선수에게 현금이나 물품을 제공하고 그 대가로 선수를 이용하여 촉진활동을 수행한다면, 인도스먼트에서 기업은 선수는 제품에 대한 촉진활동의 대가로서 보상을 받는 것이다.
2) 스폰서의 지원을 받는 선수보다 인도스먼트 계약을 체결한 선수는 해당 기업을 위해 더 다양한 책임과 임무를 수행해야 한다.
3) 스폰서의 지원을 받는 선수와 달리 인도스먼트 계약을 체결한 선수는 계약기간 동안 일상생활에서도 경쟁사의 제품을 절대 사용할 수 없다.
4) 기업은 여러 선수를 후원할 수 있지만, 인도스먼트 계약은 주로 한 선수와 체결된다. 이는 비용의 차이가 크기 때문이다.
5) 스폰서십은 한 대회의 후원으로 단기간에 끝날 수 있지만 인도스먼트 계약은 장기간으로 한다.

32-5. 선수 인도스먼트의 긍정적인 효과

1) 기업 측에서 얻는 이익

(1) 미디어 노출

유명한 선수는 대중과 언론의 관심을 받고 있기 때문에 미디어 노출이 비교적 많은데 이때 기업의 제품을 착용하는 모습이 자연스럽게 함께 노출될 수 있다.

(2) 인지도 증대

선수의 미디어 노출에 따라 기업의 인지도도 증대할 수 있다.

(3) 광고효과 증대

기업은 선수를 광고모델로 이용하여 소비자의 주의를 끌 수 있다.

(4) 제품이미지 향상

선수에 의해 보증되었다는 것은 반드시 해당 제품이 뛰어나다는 것을 의미하지 않는다. 단지, 기업이 유명 선수를 성공적으로 섭외했다는 것을 의미한다. 그러나 스포츠스타가 사용하는 스포츠용품을 소비자는 고성능의 제품으로 간주하기 쉽다. 또한 선수의 긍정적 이미지가 제품의 이미지로 전이될 수 있다.

(5) 제품구매 유도

소비자는 선수가 제품을 보증한다고 믿고, 복잡한 정보 탐색 과정 없이 제품을 구매할 수 있다. 특히, 소비자가 제품에 대한 지식이 부족하거나 충분한 경우 이러한 현상이 더 발생한다. 제품에 대한 지식이 부족한 사람은 전문가의 주장을 당연한 듯 수용하는 반면, 지식이 많은 사람들 가운데 이미 제품에 대한 태도가 긍정적이라면 스타선수의 주장은 그 제품에 대한 긍정적인 태도를 강화시켜 주는 효과가 있다.

(6) 이해관계자와의 관계 향상

기업은 선수의 모임참석, 연설, 인터뷰 등으로 도움을 받아 원하는 공중과의 관계를 향상시킬 수 있다.

(7) 제품에 대한 선수의 피드백

연구 및 개발 과정에서 제품에 대한 선수의 의견과 피드백을 받을 수 있다.

2) 선수 측에서 얻는 이익

(1) 부수익 창출

① 현금

주로 선수가 요구하는 금액은 막대하다. 선수의 시장가치가 높은 이유도 있지만 한 명의 선수와 인도스먼트 계약을 체결하고자 하는 기업이 다수이며, 그 중 같은 계열의 상품과 서비스를 제공하는 기업들이 독점성을 위해 경쟁하기 때문이다.

보상은 계약금, 계약기간 동안 보장하는 최소한의 수익 그리고 보너스로 구분할 수 있다. 여기서 보너스는 참가대회 수, 대회결과, 랭킹, 국가대표팀 선발여부, 특별한 상의 수여여부, 광고제작, 사진촬영 및 행사출연에 따라 지급되는 금액이며, 각각 몇 회로 제한된다.

② 주식지분

기업의 입장에서 주식지분은 인도스먼트 계약 시 지불해야 하는 막대한 금액에 대한 부담을 덜어준다. 또한 기업의 사업이 성공해야 기업의 주식 역시 상승하는 것이므로, 주식지분은 선수로 하여금 소유의식을 가지고 자신이 맡은 임무를 더욱더 열심히 수행하도록 동기를 부여한다. 아울러, 선수 입장에서 주식지분은 미래를 위한 투자로 계약금보다 더 큰 수익을 가져다 줄 수 있다.[131)]

131) Agrawal와 Kamaakura(1995)는 인도스먼트 계약 선수로 인해 기업의 주가가 상승하는 경우가 빈번하다고 하였다.

③ 로열티

인도스먼트 계약 이후 증대하는 매출에 따라 일정 비율을 적용하여 선수에게 지급하는 금액이다.

(2) 필요제품 확보

금액과 유형은 기업이 지각하는 선수의 가치에 달려 있으나, 선수는 보증하는 제품뿐만 아니라 기업의 기타 제품에 대한 ① 제품할인 ② 제품의 무료증정 ③ 헌 제품의 교환 ④ 제품의 무료임대의 기회를 얻을 수 있다.

(3) 서비스지원

선수는 구매 또는 배달에 있어서 보다 신속한 서비스를 받을 수 있을 것이다.

(4) 개인 노출

선수의 이름 또는 이미지가 기업의 제품관련 인쇄물과 광고 캠페인에 활용됨으로써 선수 역시 자신의 노출을 극대화할 수 있다.

(5) 연구 및 개발 과정의 참여기회

선수는 관여도가 높은 제품의 연구 및 개발과정에 참여함으로써 생산과정에 기여할 수 있다.

32-6. 선수 인도스먼트의 위험

1) 부정적 이미지의 전이 가능성

처음부터 부정적인 이미지를 가지고 있는 선수와 인도스먼트 계약을 하는 기업은 없다. 하지만 계약 후 부정행위로 인해 선수의 이미지가 나빠지고, 이 부정적인 이미지가 기업의 제품이미지 또는 브랜드 이미지로 전이될 수 있다. 이와 같은 현상이 나타나는 이유는 대중이 긍정적인 홍보보다 부정적인 홍보에 관심을 더 기울이기 때문이다.

부정행위의 예로 음주운전, 도박, 일반폭행, 성폭행, 성추행, 절도, 체포저항, 약물복용 등을 들 수 있는데, 스폰서의 반응은 부정행위의 유형, 스폰서의 제품유형, 그리고 기존의 스폰서-선수 관계에 따라 다를 수 있다. 예를 들어, 기업의 표적고객이 여성을 포함하는 경우, 기업은 남자선수의 성폭행, 성추행 사건에 대해 민감하게 반응할 것이며, 선수와 기업의 관계가 우호적인 상황에서 선수가 음주운전을 했다면 스폰서는 선수를 용서하고 관계를 유지할 가능성이 높다. 그러나 대체로 스폰서들은 경기장 밖에서 발생하는 부정행위보다는 경기의 진행과정에서 자연스럽게 발생하는 부정행위 즉, 욕설, 반칙 등을 더 수용하는 경향이 있다.

2) 선수의 다수 계약의 한계

한 명의 선수가 서로 경쟁하지 않는 다수의 기업과 인도스먼트를 계약할 수 있다. 이러한 계약체결로 인해 우려되는 사항은 아래와 같다.

① 인지도 감소 우려 : 다수 브랜드들이 소비자의 주의를 끌기 때문에 인지도가 감소할 수 있다.
② 선수의 과다노출에 의해 제품이 가려지게 될 우려
③ 선수의 과다노출에 의해 제품이 식상하게 될 우려
④ 선수의 신뢰성 감소 우려

3) 선수의 부상과 경기력 저하

계약 후 선수가 부상당하거나 그의 경기력이 낮아질 수 있다. 이 경우, 계약을 끝낼 수는 있으나 선수에게 투자한 시간과 비용이 낭비되며 다른 훌륭한 선수와 계약할 수 있는 기회를 놓쳤을 가능성이 높다.

32-7. 선수 인도스먼트의 부정 효과에 따른 추세

위에서 언급한 것과 같이 선수와 인도스먼트 계약을 체결하는 것이 위험할 수 있기 때문에 기업은 팀/대회 스폰서십 또는 애니메이션 캐릭터의 이미지 활용을 선호하는 경향이 있다.

32-8. 인도스먼트 계약 성립을 위한 조건

1) 소속 팀 또는 스포츠단체의 규정을 위배하지 않는 조건

팀 스폰서와의 계약이 우선이기 때문에 해당 팀의 선수는 그 계약을 위배하지 않는 범위 내에서 활동해야 한다.

2) 경쟁기업과 계약하지 않은 상태인 조건

32-9. 선수 인도스먼트의 부정적 영향의 방지 및 대처

1) 위기관리 계획(Crisis Management Plan)을 만든다.

각종 사건에 대처하기 위한 절차를 구체화하는 것을 의미하는 것으로 사건에 대해 기업에게 알리는 절차까지 포함한다. 문제는 미디어는 10%의 정보를 가지고 기사를 쓰는 반면, 기업은 보다 많은 정보를 수집한 후 행동해야 하며 이 정보수집 과정은 오래 걸린다는 점이다.

2) PR 활동을 적극적으로 수행한다.

소비자의 태도에 대해 조사를 실시한 후 왜곡된 사실을 바로 잡고 이미지 개선을 위해 각종 대책을 세운다.

3) 커뮤니케이션 대상을 통제한다.

이해심이 상대적으로 많은 미디어 관계자를 구분하여 커뮤니케이션 한다.

4) 선수들에게 교육을 실시한다.

잠재적으로 발생할 수 있는 각종 문제의 방지방법과 선수행동규범(players' code of conduct)에 대한 교육을 실시한다.

32-10. 인도스먼트 계약선수의 선정기준

1) 전문성

전문성은 장기간 동안 일관성 있게 우수한 성적을 올린 실력을 의미하며, 이 요소가 소비자구매에 가장 큰 영향을 미친다는 연구결과가 많다. 따라서 인도스먼트에 참여하는 선수는 특정 종목에서 가장 우수한 선수 중 한 명이어야 한다.

2) 신뢰성

신뢰성은 메시지 수신자가 특정 제품에 대해 객관적인 의견을 제공할 것인가에 대한 발신자의 믿음 정도를 의미하며, 이 신뢰성이 높을수록 메시지의 설득력은 높다.

3) 매력

대체로 매력적 외모를 가지고 있는 사람은 그 외에 다양한 긍정적 속성까지 가지고 있는 것으로 지각되고 있다. 그러므로 광고모델의 매력성은 사람들의 시선을 끄는 동시에, 광고나 제품에 대한 태도에 긍정적인 영향을 미치는 것으로 나타났다. 특히 아름다움을 추구하기 위해 사용되는 제품의 경우에는 그 영향이 더 큰 것으로 보고되고 있다. 그러나 소비자의 실제 구매에 미치는 매력성의 영향에 대해서는 상충되는 결과들이 존재한다.

4) 인지도

인기 종목이라서 매체노출이 높고 관람자나 시청자의 주의를 끌 수 있는 포지션이며 얼굴이 명확하게 드러나는 경우, 선수의 인지도가 높아지는 경향이 있다.

5) 비용

선수의 시장가치는 여러 요소에 의해 다르게 나타나기 때문에 예산에 맞는 선수를 선정해야 한다.

6) 제품과 선수의 연관성

제품과 선수간의 연관성이 명백할수록 소비자들은 연관성을 쉽게 인지하고 기억할 것이다.

7) 차별성

선수가 진심으로 제품에 대해 호의를 가지고 제품을 홍보할 경우 선수의 진술은 보다 설득력이 있다.

8) 제품사용으로 인한 경기력 향상 여부

선수가 진심으로 제품에 대해 호의를 가지고 제품을 홍보할 경우 선수의 진술은 보다 설득력이 있다.

9) 소비자와 선수 간의 유사성

미국의 장거리 전화회사 'SPRINT'는 미국에 거주하고 있는 한국인을 표적하기 위해 박찬호와 인도스먼트 계약을 체결한 사례가 있다.

32-11. 계약시 고려 또는 명시해야 할 사항

1) 기존 계약과의 마찰 여부

다수 계약이 가능하기 때문에 기존의 인도스먼트 계약 또는 소속 스포츠 단체의 규정과 문제가 없는지를 검토해야 한다.

2) 보증할 제품이나 서비스

다양한 상품이나 서비스를 제공할지라도 기업은 그 중 계약에 명시된 것만을 선수와 연관시킬 수 있다. 예를 들어, 만약 비타민 회사와의 계약에 제품이 비타민이 아닌 '건강제품'으로 표기된다면 선수는 건강관련 음료와 식품 또는 헬스기구 등 다른 유형의 건강제품을 보증하지 못할 수 있다. 그러므로 선수는 범위를 좁게 설정하려 하고 기업은 범위를 넓게 설정하려 한다.

3) 선수활동 또는 활용지역

선수를 이용하여 촉진활동을 수행할 수 있는 도시, 지방, 국가를 명시해야 한다.

4) 계약기간

선수의 가치가 상승할 전망이 있는 경우, 선수는 장기간 계약을 피하려하고 기업은 추구하려고 할 것이다.

5) 서비스의 수행 조건

계약은 선수가 제공할 서비스가 무엇이며 각각의 서비스가 몇 회 제공되어야 하는가를 나타내야 한다. 또한 최소한 몇 일전까지 기업이 선수에게 요구사항을 알려야 하는지, 숙식비와 교통비 부담은 누가 하는지, 그리고 선수가 계약을 이행하지 못하는 문제는 어떻게 처리될 것인지도 명세화되어야 한다. 아울러 합의한 사례 수 이상의 서비스를 수행할 경우, 선수에게 주어질 보상이 무엇인지도 명세화되어야 한다.

6) 선수에 대한 사용권리

선수의 이름, 사진, 영상, 사인, 이력 등 무엇을 활용할 수 있는가를 명시해야 한다.

7) 선수 배상

만약 기업의 상품 또는 서비스로 인해 선수가 3자에 의해 소송 당하고 피해를 본다면, 기업은 선수에게 배상해야 한다.

8) 선수 승인

선수는 자신을 이용한 광고 및 기타 자료를 먼저 검토할 것을 요구할 수 있다.

9) 계약 종료

계약은 ① 유효기간이 끝나고 갱신되지 않을 경우, ② 선수 또는 기업 측에서 계약을 위배할 경우, ③ 선수가 부상으로 인해 더 이상 활동하지 못할 경우, ④ 선수의 특정 부정행위가 대중에게 공개될 경우 종료될 수 있다.

10) 선수의 법적 상담 여부

대부분의 계약은 선수로 하여금 법적 상담을 받아서 계약의 조항에 대해 이해하고 수용한다는 것을 증언하도록 한다.

32-12. 인도스먼트 계약 담당자

최근에 들어 국외 선수는 스포츠에이전트보다 변호사에게 계약을 담당하게 하는 추세를 보이고 있다. 그 이유는 변호사들이 계약법에 대해 박식하고 계약작성 경험이 많을 뿐만 아니라, 법적으로 고객에 대한 정보를 제 3자에게 밝히지 못하게 되어 있으며 부정 처리(malpractice)에 대한 보험을 구매하고 있기 때문이다. 또한 인도스먼트 계약금의 일정비율을 수수료로 받는 스포츠에이전트보다 특정 서비스의 수행 혹은 소요시간에 따라 일정 금액을 받는 변호사가 더 저렴하기 때문이다.

33 에이전트/에이전시

33-1. 에이전트와 에이전시의 정의

에이전트(agent)는 개인 또는 단체로부터 권한을 부여받고 특정 업무를 대행하는 사람으로서 에이전시에 소속을 두거나 독립적으로 활동하며, 에이전시(agency)는 개인 또는 단체로부터 권한을 부여받고 특정 업무를 대행하는 조직(기업)을 의미한다.

> 우리나라 국민들이 에이전트업에 대해 처음 관심을 처음 가지게 된 계기는 아마도 스포츠 에이전시에서 해고된 스포츠 에이전트가 2류 미식축구 선수를 스타로 키워내는 과정을 소재로 한 '제리 맥과이어(1997년)'라는 미국영화 때문일 것이다.

33-2. 에이전시의 유형

흔히 '에이전트'라 하면 선수를 위해 각종 업무를 대행해 주는 개인, 즉 선수에이전트를 생각하는 경향이 있지만, 아래의 유형도 에이전시에 속하기 때문에 이곳에서 일하는 직원도 에이전트라 할 수 있다.

1) 고객(예, 스키장에서 단체수업 받을 학생)을 유치해 주는 기업
2) 행사를 위해 스폰서를 유치해 주는 기업
3) 광고제작을 대행해 주는 기업
4) 이벤트의 기획 및 진행을 대행해 주는 기업
5) 연구를 대행해 주는 기업

33-3. 선수에이전트의 역할 및 업무

선수에이전트의 역할은 크게 잠재성 있는 선수를 발굴해서 체계적으로 육성 및 관리하는 것과 선수가 지니고 있는 기량과 이미지 등을 마케팅 도구로 활용하는 것으로 나눌 수 있다. 부문별 선수에이전트가 대행해 줄 수 있는 업무는 다음과 같다.

1) 경영관리

① 경기력 향상을 위한 관리

선수의 경기내용분석, 기초체력, 영양상태 및 의료서비스를 관리한다.

② 협상 및 계약체결

선수활동에 따른 모든 계약(예 연봉, 보험 등)을 대행한다.

③ 개인 스케줄의 관리

경기일정, 훈련스케줄, 이동스케줄 및 약속에 따른 일정을 관리한다.

④ 이적 추진

⑤ 법률문제 해결

위반사항을 감시하고 문제발생 시 조정, 중재 및 소송을 통해 선수의 권

리를 보호한다.

⑥ 재정자문

세금과 투자에 대한 자문을 포함한 재산관리를 제공한다.

> **세금관련 사례**
>
> 한 때 세계에서 가장 많은 돈을 벌었던 테니스 선수 Bjorn Borg는 연간 5백만 달러에 달하는 소득을 올렸었다. 그는 에이전시의 재정자문을 통해 거주지를 스웨덴에서 Monte Carlo로 옮긴 후 세금을 85%나 덜 지불하게 되었다고 한다. 이는 Monte Carlo는 부수입을 제외하고 주수입에 대해서만 세금을 지불하게 되어 있었고 광고나 인도스먼트로 벌어들인 수입은 부수입으로 분류되었기 때문이다.

⑦ 은퇴 후 진로모색

선수의 짧은 수명 또는 부상으로 인한 은퇴에 대비하여 차후 진로를 모색하고 필요한 준비를 하도록 도와준다.

2) 마케팅관리

아래의 업무 중 일부는 부수익을 창출해 주는 재산관리 활동으로 보이지만, 에이전트가 계약체결을 위해 선수를 기업에게 마케팅 해야 하는 측면에서 마케팅 관리 업무에 포함되고 있다.

① 홈페이지 관리

② 팬 관리

③ 홍보 관리

④ 광고주 유치

⑤ 스폰서십 또는 인도스먼트 관리

⑥ 커뮤니케이션 관리

⑦ 이미지 관리

33-4. 미국의 선수 에이전트업 성장 요인

선선수 에이전트업은 미국에서 시작되었다. 1960년부터 다양한 배경과 직업을 가진 사람들이 활동하기 시작하였으며 프로야구의 자유계약선수제도(Free Agent; FA)가 도입된 70년대 중반 이후 더욱 활성화 되었고, 이어 80년대 들어서는 프로스포츠 산업에 있어서 중요한 요소로 정착되었다. 또한 1998년의 어느 자료에는 모든 프로스포츠 선수가 에이전트를 고용하고 있는 것으로 보고하였는데 이처럼 미국에서 선수 에이전트업이 성장한 이유는 다음과 같다.

1) 주요 경기단체의 성장

종목의 인기상승과 방송중대는 선수를 스타로 부각시킴으로써 기업의 '선수를 이용한 마케팅' 활동을 촉진시켰으며 선수에게 '에이전트를 이용한 부수익 창출'이라는 동기를 주었다. 그러나 우리나라의 경우, 스타로 부각한 선수는 한정되어 있다.

2) 선수의 업무대행 필요성

(1) 불공정한 사항의 시정

① 선수의 부족한 교섭 경험

구단의 협상 담당자는 수년간의 경험을 보유한 전문가이기 때문에 협상 과정에서 구단이 선수보다 더 유리할 것이다.

② 선수의 부족한 이해

선수를 대신하여 계약의 여러 가지 복잡한 조건을 잘 이해하고 규약상이나 법적으로 타당한지를 검토할 수 있는 대리인이 필요하다.

③ **선수의 부족한 정보**

구단의 연봉협상 담당자와 달리 선수는 여러 팀의 급여구조, 타 선수의 계약조건, 계약을 원하는 팀의 선수에 대한 필요성, 팀의 연봉규모를 결정하는 기준 또는 팀에 의해 대두되는 주장들의 신뢰성 등을 알지 못한 상태에서 연봉협상을 한다.

(2) 적대감 방지

① **구단에 대한 선수의 적대감 방지**

연봉협상 과정에서 구단 측은 선수의 약점을 들춰내어 선수의 감정을 상하게 하는 경우가 있다. 그러나 에이전트가 개입하게 되면 선수와 구단 간에 발생할 수 있는 적대감을 방지할 수 있으며, 계약의 불리한 점에 대한 비난도 에이전트가 받아들임으로써 적대감을 방지할 수 있다.

② **동료 선수에 대한 적대감 방지**

연봉협상 과정에서 선수는 자신의 상품가치를 입증하려고 다른 선수의 약점을 들춰낼 수 있다. 그래서 에이전트가 개입하면 선수 간에 발생할 수 있는 적대감을 방지할 수 있다.

(3) 교섭의 원활한 진행

선수는 자신을 높이 평가하고 불합리하게 높은 급여를 받으려고 할 수 있다. 이때 에이전트는 선수로 하여금 더 현실적으로 생각하게 할 수 있다.

(4) 이미지 관리의 필요성

기업과 인도스먼트, 스폰서십 및 CF 계약을 체결하기 위해서 선수는 자신의 기량이나 이미지 등의 상품성을 더욱 부각시킬 필요성을 느끼게 되었다.

(5) 스케줄 관리의 필요성

경기출전과 훈련 외 활동이 늘어남으로써 선수들의 스케줄을 관리하는 사람이 필요하게 되었다.

(6) 미래에 대처할 필요성

선수들은 짧은 선수수명과 부상으로 인해 일찍 은퇴할 수 있기 때문에 부대수익을 창출해 주고 그 수익의 투자를 통해 장기간 수익을 보장해 주는 에이전트의 역할이 필요하다.

(7) 운동에 몰두할 필요성

3) 법률 개정에 따른 대리 기회의 증대

(1) 특별한 자격요건의 부재

선수노조(Players Association)의 승인 이외에 특별한 자격요건이 없어서 다양한 배경과 직업을 가진 사람들이 에이전트가 될 수 있었다. MLB의 경우 선수만 확보했다면 등록비 없이 승인을 얻을 수 있었고 NBA와 NFL의 경우 승인을 먼저 얻고 선수를 확보해야 했으며 연간 등록비와 연회비를 지불하고 하루 동안 세미나에 참석만하면 되었다.

한편, 94년 5월 FIFA는 선수의 이적과 관련되는 일을 FIFA가 공인하는 선수 에이전트만이 처리할 수 있도록 규정하였으며, 그 공인을 받기 위해서 희망자는 특정 시험을 통과해야만 했다. 하지만 예외조항으로 선수의 직계가족이나 변호사는 FIFA의 공인을 받지 않더라도 에이전트로 활동할 수 있다.

(2) 선수의 권리 확대

프로야구 규약의 보류조항에 의하면 선수가 구단과 한번 계약을 맺게 되면 그 선수는 구단의 자산이 되며 트레이드나 웨이브의 공시로 이적하게 되는 경우 그 선수를 인수한 구단이 모든 권리를 인계받는다. 또한 선수가 은퇴를 했다가 다시 복귀하면 그는 은퇴 당시 소속되었던 구단으로 복귀를 해야 한다. 또한 거의 모든 선수의 계약기간이 1년 단위였으므로 선수가 특정팀에 소속되면 구단이 제시하는 조건에 1년씩 계약 연장을 하는 것 외에는 다른 대안이 없었다.

이 보류조항은 1972년부터 법정에서 위법이라는 판결이 나오기 시작하면서 선수들은 선수노조를 결성하게 되었고, 선수노조의 단체교섭을 통해 선수들의 협상권한이 강화되기 시작했다. 이에 따라 최소 연봉수준이 상승하고 중재제도와 자유계약선수 제도가 발달하였으며, 선수에이전트는 선수의 권익을 보호하는 것으로 그 역할의 중요성을 인정받게 되었다.

(3) 자유계약제 도입으로 인한 협상기회의 증가

자유계약제가 허락되면서 선수는 계약기간동안 연봉을 재협상할 수 있게 되었고 계약기간 후 자신의 영입에 관심이 있는 모든 구단과 협상할 수 있게 되었다. 이에 따라 계약협상의 기회가 양적으로 증가하여 선수는 에이전트의 도움을 더 필요로 하게 되었다.

4) 경제적 인센티브

선수는 에이전트에게 계약 금액의 일정 비율을 수수료로 지불하기 때문에 선수의 몸값 상승, 즉 연봉 인상은 선수뿐만 아니라 에이전트에게도 더 큰 이익을 가져다준다. 그러나 미국과 달리, 대부분의 국내 프로스포츠 구단은 적자운영을 하고 있어서 일반 선수는 에이전트를 고용할 경제적 여유를 가지지 못할뿐더러 에이전트를 통해 더 나은 조건으로 연봉협상을 하는 데에 한계를 느끼고 있다.

미국 선수의 연봉이 증가한 이유는 다음과 같다.

① **자유계약제**

1976년 시즌이 끝났을 때 600여명의 메이저리그 선수 중 24명이 자유계약을 선언하였고, 이듬해에는 그 인원이 35명이었다. 그 후 해마다 자유계약 신분을 원하는 선수들의 숫자에는 큰 변화가 없었지만 자유계약제로 인해 우수한 선수를 유치하기 위한 구단 간의 경쟁이 벌어졌고 이에 따라 선수의 몸값이 폭등하기 시작하였다.

② **신규리그의 창설**

미식축구, 하키, 농구 등의 종목에서 기존 리그와는 별도의 신규리그가 창설되었다. 그러자 처음으로 프로리그에 진출하는 대학선수에게 선택의 폭이 넓어지면서 계약협상의 주도권이 선수에게 넘어가기 시작했다. 선수들은 구단주에게 정당한 몸값을 요구하였고 구단주들은 선수들을 라이벌 리그에 빼기지 않으려고 노력하였다.

③ **TV방송으로 인한 선수의 상품가치 상승**

5) 스포츠에 대한 매력

자신이 사랑하는 스포츠와 관련되는 일을 하면서 현장에서 스포츠경기를 관람하고 유명 선수와 코치를 만날 수 있는 기회가 사람들로 하여금 에이전트가 되도록 유인하였다.

33-5. 에이전트와 선수의 계약

계약체결 시 선수와 에이전트는 기본적인 계약조항에 상호동의를 해야 하며, 상호동의는 에이전트의 제안을 선수가 수락함으로써 이루어진다. 즉, 에이전트는 선수에게 제공할 종류의 서비스와 각각의 서비스에 대한 수수료를 제안하는 쪽이며 선수는 이 제안을 검토한 후 계약서에 서명을 하는 식으로 동의를 표시한다.

하지만 선수와 에이전트 간에 '선수의 수락'이 있었는지 또는 없었는지에 대해 분쟁이 생기는 경우가 있다. 이러한 문제는 일반적으로 선수가 계약에 대해 경험이 부족해서 에이전트가 보내오는 계약 제안서를 잘 살펴보지 않고 수락을 하기 때문에 발생한다. 그러므로 '선수가 수락한 것'으로 인정받기 위한 절차를 거쳐야 한다. 예를 들어, 서명을 하고 난 후 선수는 불합리하다고 판단한 부분에 대해 에이전트에게 계약서의 수정을 원하는 '수정 제안'을 보낼 수 있다. 이런 경우 선수가 제안자가 되고 에이전트가 제안을 수락하는 입장으로 바뀌게 된다.

미국 프로농구와 미식축구의 경우에는 선수노조에서 대행계약서의 양식을 표준화시켜 놓았으며, 통상적으로 대행계약서에는 계약당사자, 대행서비스, 계약기간, 수수료, 의무사항, 손해배상, 경비의 부담, 분쟁의 조정, 적용법률 등에 대한 계약조항들이 있다.[132]

33-6. 에이전트 선정 시 고려할 사항[133]

1) 에이전트 경력은 어느 정도인가?

2) 협상능력이 있는가?

---

132) 백도경(1999, 3월). 미국의 에이전트 관련규정. 스포츠비즈니스, 10.

133) 완전한 리스트가 아님

3) 스포츠에 대해 애정을 가지고 있는가?
4) 법률에 정통한가?
5) 재무, 회계 또는 세무에 대한 상식을 갖추고 있는가?
6) 언론과의 관계 능력이 있는가?
7) 마케팅 능력이 있는가?
8) 선수를 이해하고 편안한 관계를 유지할 수 있는가?
9) 벤처 마인드(혁신성과 모험성)가 있는가?
10) 해당 스포츠에 대한 전문지식이 있는가?
11) 국제적으로 활동할 경우, 영어에 능통하고 국제 감각이 있는가?

33-7. 에이전트의 수익

대행계약서에는 수수료의 산정방식을 명확하게 기재해야 하며, 이들 산정방식은 다음과 같을 수 있다.

1) 정액제 - 어떤 서비스를 제공하든 간에 일정액을 지급하는 방식

이 방식은 에이전트에게 지급해야 할 금액을 미리 알 수 있고, 할부형식의 지급이 가능한 장점이 있으나 에이전트로 하여금 최선의 계약을 이끌어 내게 할 인센티브가 없으며 적정가를 정하기가 힘들다는 단점이 있다.

2) 정률제 - 선수 수익의 일정비율을 지급하는 방식

이 방식은 선수 수익의 일정비율을 에이전트에게 지급하는 방식으로 가장 널리 사용되고 있다. 구체적으로 선수가 지급하는 비율은 아래와 같이 에이전트가 제공하는 서비스의 종류에 따라 다르다.

① 연봉 협상 - 연봉의 2∽4% [134)]

134) 원래 3∽5%이었으나 치열한 고객경쟁으로 낮추어진 것이다.

② 재산 관리 - 수익의 7～10%

③ 광고 계약 - 수익의 15%

④ 인도스먼트 계약 - 수익의 10～25%

정률제 방식은 이해하기가 쉬우나 에이전트가 선수에게 보장해준 '수익'을 어디까지 포함시킬 것인지가 분명하지 않다. 당연히 연봉을 포함해야 하지만 그 외 계약금, 현금 보너스 그리고 상품 보너스 등의 포함여부가 애매하다. 그래서 미국 프로리그의 몇몇 선수노조에서는 수수료 계산을 위해 선수의 수익에 포함되는 항목들을 규정하고 있다.

3) 시간제 - 시간당 금액을 지급하는 방식

4) 시간제와 정액제의 혼용

이 방식은 시간당 일정액을 지급하고 그 총액이 일정액을 넘지 못하게 하는 방식이다.

33-8. 미국 선수 에이전트의 문제

1) 에이전트의 제한적 업무수행능력

에이전트는 선수가 필요로 하는 모든 업무를 수행해 줄 능력이 부족하다. 따라서 에이전트는 필요시 전문가에게 특정 서비스를 위탁하게 되는데 International Management Group(IMG)이 성공할 수 있었던 이유 중 하나는 기업이 효율적으로 풀 서비스를 제공하였기 때문이다.

<table>
<tr><td>계약선수</td><td colspan="4">IMG</td></tr>
<tr><td>선수1 →</td><td rowspan="2">전문가1</td><td rowspan="2">전문가2</td><td rowspan="2">전문가3</td><td rowspan="2">전문가4</td></tr>
<tr><td>선수2 →</td></tr>
</table>

2) 에이전트의 과거 부정행위

① 대학선수와 조기계약을 하거나 계약할 약속을 받았다.

미국대학연맹(National Collegiate Athlete Association; NCAA)의 규제에 의하면, 학생인 선수가 에이전트와 계약을 체결하거나 학교, 가족 또는 운동과 관련이 없는 곳으로부터 재정적 도움을 받을 경우, 대학연맹 스포츠에 참여할 자격을 잃게 된다. 이와 같은 규제가 생긴 이유는 대학 선수들이 공부와 운동에 열중하도록 하기 위해서였다. 그러나 대학선수와 조기계약을 하는 에이전트가 있었을 뿐만 아니라 졸업 후 자신과 계약할 것을 약속하는 조건으로 선수에게 현금, 선물, 대출을 제공한 에이전트가 있었다. 한 대학은 모르고 NCAA 농구대회에 부정 선수를 기용했다가 벌금을 내고 선수의 에이전트를 소송한 사례도 있었다. 이와 달리 우리나라의 경우, 박찬호를 포함한 우리나라 대학선수와 에이전트간의 계약이 가능했던 이유는 국내 선수의 소속대학이 NCAA 회원이 아니었기 때문이다.

② 남의 선수를 가로챘다.

다른 에이전트의 선수를 가로채기 위해 수수료를 인하하거나 선물을 공세하는 경우가 있었다. 심지어 한 에이전트는 자신이 관리하고 있는 모델과의 데이트를 약속해서 다른 에이전트의 선수를 가로챘으며, 피해를 본 에이전트는 가해자를 소송했다.

③ 선수 통장의 돈을 유용하였다.

④ 과장으로 선수를 유인하였다.

⑤ 불법투자를 하였다.

⑥ 선수의 허락 없이 계약을 재협상하였다.

⑦ 선수와의 협의 사항과 달리 협상하였다.

* 마지막 5가지 부정행위는 선수로 하여금 에이전트를 소송하게 하였다.

3) 에이전트의 업무 제한 및 해고

에이전트와의 계약기간이 남았는데도 불구하고 에이전트를 해고하고 변호사를 고용해서 에이전트가 선수를 소송하는 경우가 있었다. 변호사를 고용하는 선수는 연봉의 일정 비율을 에이전트에게 수수료로 지불하는 것보다 일정액을 변호사에게 수수료로 지불하는 것이 유리한 고연봉 선수, 즉 기량이 우수하고 인기가 많아서 에이전트가 노력하지 않아도 기업이 선호하는 선수이다. 또한 몇 차례의 계약을 체결하면, 다음 계약은 기존 계약의 조건보다 좀 더 낫게 하는 것 이외에는 크게 달라지는 것이 없으므로 선수가 에이전트를 해고하고 직접 개입하는 경우도 있다.

4) 선수의 직권 남용

일부 선수는 에이전트로 하여금 자신의 개인적인 업무(심부름)까지 수행하도록 하는 경우가 있었다.

33-9. 미국 에이전트의 부정행위에 대한 대처방법

1) 해당 에이전트를 처벌한다.
2) 정부단체나 민간단체는 부정행위 방지를 위해 에이전트와 선수 관련규정을 만들었다.
3) 에이전트를 관리하는 조직을 설립하였다.
   ① 그 예로 학교 측에서 졸업반 선수와 계약하려는 에이전트의 자격을 확인하였다.
   ② 졸업반 선수들을 위해 인정하는 에이전트의 명단을 만들었다.
4) NCAA는 매년 선수와 부모들에게 NCAA의 규제를 설명하고 조기계약의 위험성에 대해 알려준다.
5) 돈을 필요로 하는 대학 선수에게 장학금이나 대출을 제공한다.

6) NCAA는 모든 선수가 자신의 경기 참가 자격을 맹세하는 서류에 서명하도록 한다.

33-10. 국내 선수 에이전트의 실태

1) 선수에이전트 활동은 축구와 골프의 몇몇 스타를 중심으로 수행되고 있다.
2) 전문적인 지식을 가지고 활동하는 에이전트가 부족하다.
3) 2002년 한·일 월드컵을 계기로 에이전트 활동이 활발해졌지만 대부분의 업무내용은 외국의 전문 에이전트 회사와는 너무나 대조적이다.
4) 국내 에이전트는 선수를 해외구단에 입단시키면서 발생하는 계약금과 고액의 연봉에 대한 수수료 이외에는 마땅한 수익원이 없는 실정이기 때문에 선수에이전트만으로 회사를 운영하기는 어려운 실정이다.

34 기업의 사회적 책임

34-1. 기업의 사회적 책임이란?

기업의 사회적 책임(Corporate Social Responsibility; CSR)은 사회의 전반적인 문제에 대해 관심을 가지고 공익을 위해 자발적으로 또한 전략적으로 실천하는 활동을 의미한다. 국내에서는 '사회공헌 마케팅'이라고도 한다.

34-2. CSR 활동의 유형

다음은 다양한 사회적 책임 활동을 기술하고 있으며, 각각의 활동에 대한 예는 일관적으로 환경보호에 중점을 두고 있다.

1) 자선기부활동(Corporate Philanthropy)

공익사업을 위해 자발적으로 현금, 물품, 또는 기술을 직접 제공하는 활동을 의미한다.

2) 사회적 마케팅(Social Marketing)

공익사업을 위해 표적고객의 자발적 행동을 변화시키려는 프로그램을 개발 및 실천하는 활동을 의미한다. 그 예로 자연사랑 캠페인 활동을 들 수 있다.

3) 지역사회봉사(Community Volunteering)

지역사회의 이익을 위해 직원이 노동력을 제공하는 활동을 의미한다. 그 예로 나무심기, 장마시즌 전 배수로 청소하기를 들 수 있다.

4) 사회지향적 마케팅(Societal Marketing)

소비자와 기업의 욕구충족을 동시에 추구해 왔던 마케팅 활동에서 사회의 장기적 이익까지 추구하는 마케팅 활동을 의미한다. 달리 말하자면 기업의 일반 마케팅 활동에 사회책임 활동을 결합하는 것을 의미한다. 그 예로 제품을 환경 친화적인 성분으로 생산하거나 포장지를 재활용 가능한 재질로 사용하는 것을 들 수 있다. 또한 생산라인을 정비해서 쓰레기, 전기사용 및 물 사용을 줄이고자 하는 노력을 들 수 있다.

5) 공익연계 마케팅(Cause-Related Marketing)

기업이 한시적으로 기간을 정해놓고 특정 소비자 행동(예, 회원 가입, 입장권 구매 등)에 의해 발생하는 수익[135]의 일정 비율을 특정 사회문제의 개선을 목표로 하는 비영리적 단체에게 기부하는 활동, 즉 상호이익을 위해 기업이 비영리적 단체와 파트너십을 형성하는 활동을 의미한다. 그 예로 제품 판매에 따른 수익의 일정 비율을 환경보호 단체에게 기부하는 것을 들 수 있다.

34-3. CSR 활동의 이익

❖ 유의점 : 다음의 *는 공익연계 마케팅의 이익으로 한정되어 있다.

1) 기업의 입장

① 혼잡한 광고 문제의 극복*

② 차별화

③ 기업이미지 향상

기업의 사회적 역할을 부각시킴으로써 우호적인 이미지를 형성할 수 있으며, 특히 소비자가 관심 있어 하는 단체를 지원할 경우에는 우호적인 이미지를 강화할 수 있다.

---

135) 판매이익, 영업이익 또는 순이익 중 어느 것을 의미하는지를 자세히 밝히고 있지 않다.

④ 수요증대

단순히 공익에 기여한다는 이유로 돈을 더 지불하면서 CSR 활동을 하는 기업의 브랜드를 구매하는 소비자들이 있다.

⑤ 경쟁제품 소비자의 브랜드 전환*

품질이 유사할 경우, 선호하는 브랜드가 있음에도 불구하고 공익연계 마케팅을 수행하는 경쟁기업의 제품을 구매하는 소비자들이 있다.

⑥ 소매단계에서 제품유통 증가

여러 제품이 진열공간 확보를 위해 치열하게 경쟁하는 상황에서 공인연계 마케팅활동은 소매점의 수용을 얻어 줄 수 있다.

⑦ 가치관의 커뮤니케이션

⑧ 기업구성원의 사기 증대

2) 단체의 입장

① 인지도 증대

② 기부금 확보

③ 소비자 교육

④ 소비자의 관심 유도

34-4. 소비자가 CSR 활동에 반응하는 이유

소비자에 따라 CSR활동에 반응하는 이유가 다르다. 다음은 일부 이유를 나타내고 있다.

1) 부가가치 인식

2) 공익에 대한 개인의 관심 또는 관여도

3) 자선활동을 격려하는 사회규범

4) 사치품 구매에 따른 죄의식 감소(공익연계 마케팅의 경우에 해당함)

5) 성격

① 자존심이 강한 사람 - 자존심의 향상을 위해 남을 도와준다.

② 남이 자신에 대해 어떻게 생각하는지를 신경쓰는 사람

③ 남을 잘 믿는 사람 - 공익연계 마케팅을 수행하는 기업의 좋은 뜻을 믿는다.

④ 사회책임감이 강한 사람

⑤ 외향적인 사람 - 인맥이 넓어서 기부하는 사람을 만날 가능성이 높다.

⑥ 안정과 따뜻한 관계를 중요시 하는 사람 - 여성이 남성보다 더 많이 기부한다.

34-5. CSR 활동의 위험

1) 기업의 입장

① CSR 활동으로 지출한 비용이 충분한 제품판매로 이루어지지 않을 수 있다.

② 착취적인 활동으로 의심 또는 비난 받을 수 있다.

2) 단체의 입장

① 상업화 인식에 따라 이미지가 저하될 수 있다.[136)]

② 소비자는 단체가 더 이상 도움이 필요 없다는 인식을 갖게 될 수 있다.

③ 경쟁 기업과 파트너십을 형성할 수 있는 기회를 잃을 수 있다.

④ 기업에 의해 단체가 착취될 수 있다.

34-6. CSR 활동의 성공을 위해 고려해야 할 점

1) 소비자는 지속적인 문제해결보다 재해의 대처에 더 협조적이다.

136) 공익연계 마케팅의 위험으로 한정되어 있음

2) 지속적인 문제에 관한 것일 경우, 소비자는 국가보다 자신의 거주지역을 위한 공익에 더 협조적이다.
3) 실용적 제품보다 쾌락적 제품 또는 사치품의 공익연계 마케팅에 대한 반응이 더 긍정적이다. 이는 공익연계 마케팅을 하는 기업의 제품구매가 소비자가 느끼는 죄책감을 감소시킬 수 있기 때문이다.
4) 공익에 대한 소비자의 관여도가 높을수록 효과가 크다.
5) 기업의 사업과 지원받는 비영리적 단체의 사업이 연관될 경우 소비자의 반응은 더 긍정적이다.
6) 제품의 우수한 품질은 CSR 활동의 성공에 기여한다.
7) 소비자가 기업의 CSR 활동에 대해 인지해야 그에 따른 이익을 볼 수 있다.

34-7. CSR 활동의 실패 원인

1) 공익연계 마케팅의 경우

① 연계하는 사회적 또는 환경적 문제에 대한 의식이 부족하다.
② 제품의 가격이 높다.
③ 소비자의 구매비용에 비해 기부금액이 적다.

2) 일반적 CSR 활동의 경우

① 소비자가 기업의 진심을 의심한다.
② 기업의 무책임한 활동(예, 부실공사, 아동노동 착취)이 드러나서 소비자의 신뢰를 잃었다.

34-8. 단체 선정 시 고려해야 할 점

1) 표적고객이 관심 있어 하는 사회문제와의 관련성

2) 단체에 기부하는 사람과 소비자의 인구통계학적 특성의 일치성
3) 기업의 사업과 단체의 연관성
4) 기업 이미지와 단체 이미지의 일치성
5) 단체의 주요 기부자의 기업에 대한 태도
6) 단체와의 파트너십에 대한 기업 주주의 태도

34-9. CSR 활동의 효과측정 기준

1) 재무적 성과(공익연계마케팅의 경우)
2) 활동에 대한 소비자의 재인식 및 회상 정도
3) 기업이미지 향상 정도
4) 소비자의 태도 및 만족도
5) 소비자의 구매행동 또는 구매의도
6) 기업 구성원의 태도 및 만족도

35 스포츠이벤트를 이용한 지역마케팅

35-1. 스포츠이벤트 개최를 통해 얻는 이익

1) 선수 입장에서 얻는 이익

경비(예, 항공료, 숙식비, 대회참가비 등)가 많기 때문에 협회의 지원 없이 타국에서 개최하는 세계대회에 참가할 수 있는 선수는 제한적이다. 그러므로 세계대회를 우리나라에서 개최할 경우 보다 많은 국가대표 선수를 출전

시킬 수 있으며, 출전 기회는 선수에게 기술을 향상시킬 수 있는 좋은 경험이 된다. 심지어 일반 선수에게 주어지는 관람의 기회도 전술 인지와 동기부여 측면에서 긍정적인 효과가 있다. 뿐만 아니라 국내에서 개최하는 세계대회는 국가대표 선수에게 홈그라운드 어드밴티지를 제공함으로써 보다 우수한 성적을 거둘 수 있게 해준다.

2) 스포츠단체의 입장에서 얻는 이익

국내에서 세계대회를 개최하는 스포츠단체는 대회 홍보와 방송을 통해 단체의 인지도를 증대시키고 종목에 대한 관심을 유도할 수 있다. 또한 세계의 유사 단체의 관계자들 그리고 국민에게 행사기획 능력을 과시하여 단체의 위상을 높일 수 있다. 올림픽, 월드컵과 같은 메가 스포츠이벤트의 경우, 스포츠단체들은 시설확충의 이익도 얻을 수 있다.

3) 개최 지역의 입장에서 얻는 이익

어느 국가 또는 도시이든 개최 지역은 스포츠이벤트를 통해 인지도 증대, 이미지 제고 및 경제효과[137]라는 이익을 추구한다.

35-2. 스포츠이벤트의 경제효과 요인

스포츠이벤트의 경제효과는 아래 효과들을 포함한다.

1) 관계자의 지역방문에 의해 발생하는 지역 상업인들의 수익증대

스포츠이벤트의 준비는 많은 물품과 전문 서비스를 필요로 한다. 또한 스포츠이벤트 때문에 협회 관계자, 코치, 선수, 심판, 가족 등 많은 사람들이 지역을 방문하며, 이들은 대회시작 전부터 대회종료 시까지 지역에서 숙식

137) 다음 내용에 설명되어 있음.

하고 쇼핑한다.

2) 관계자의 지역방문을 통한 관광수익 증대

스포츠이벤트 때문에 지역을 방문하는 사람들 가운데 지역명소를 관광하는 사람들이 있다. 올림픽의 경우, 개최 도시의 특징, 명소와 매력을 인지시키려는 노력은 인지도 증대와 이미지 향상의 목적도 있지만 미래 관광객을 유치하려는 목적도 있다.

3) 이벤트개최에 의해 발생하는 고용기회 증대

스포츠이벤트를 준비하면서 필요로 하는 인력들이 많다.

35-3. 스포츠이벤트의 경제효과 분석

스포츠이벤트가 개최 지역에 많은 이익을 가져다주는 동시에 많은 비용부담도 주기 때문에 스포츠이벤트로부터 기대되는 지역의 경제효과를 분석해서 투자가치가 있다는 것을 확인하는 것은 매우 중요하다. 문제는 객관성이 유지된다 하더라도 분석과정에서 가정해야 하는 점들이 많기 때문에 동일 이벤트의 경제적 효과분석은 분석자에 따라 다른 결과를 나타낼 수 있다. 뿐만 아니라 분석 절차의 차이에 따라 결과에도 차이가 나타날 수 있다. 그러므로 스포츠이벤트의 경제효과 분석과 관련된 아래의 세부적 문제점들을 이해할 필요가 있다.

1) 가정(Assumptions) 부분

스포츠이벤트 때문에 얼마나 많은 사람들이 다른 지역에서 찾아올 것인지, 1인당 평균 며칠을 머물 것인지, 그리고 1인당 평균 얼마를 소비할 것인지에 대해 가정해야 한다. 그러므로 수치를 높게 또는 낮게 선정함으로써 결과가 달라질 수밖에 없다.

2) 절차(Procedure) 부분

① 소득 아닌 매출을 중심으로 평가

외지방문객의 소비지출은 재순환된다. 다시 말하자면, 외지방문객의 돈을 벌어들인 지역 상업인은 그 돈을 어딘가에 소비할 것이며, 그 상업인의 돈을 받은 또 다른 대상도 그 돈을 다른 어딘가에 소비할 것이다. 이와 같은 소비단계가 계속적으로 이루어지지만 매 소비단계에서 지역 밖으로 세어 나가거나 적금[138]되는 금액으로 인해 언젠가는 재순환이 끝나게 된다. 스포츠이벤트의 경제효과는 매 소비단계에서 이루어지는 소득을 중심으로 평가해야 하지만, 매출을 중심으로 평가하여 결과를 제시하는 경우가 많다.

> 외지방문객으로 인한 1차적 소비지출을 직접효과라 하고 최초지출이 재순환되면서 발생하는 추가적인 효과를 간접효과라 한다. 이러한 효과들을 전체적으로 파급효과(Multiple Effect)라 한다.

② 진정한 고용창출이 아닌 사례를 포함

스포츠이벤트의 준비와 진행은 많은 인력을 필요로 한다. 하지만, 필요한 인력만큼 고용창출 효과가 있다고 제시하는 경우가 문제이다. 진정한 고용창출은 일이 전혀 없는 사람에게 일자리를 마련해 주는 것을 의미한다. 즉, 자신의 전문서비스를 행사에 제공하는 것 또는 하던 일을 당분간 놔두고 행사 관련 일을 맡는 것은 스포츠이벤트의 고용창출 효과에 반영할 수 없다.

③ 다른 지역에서 개최한 유사 스포츠이벤트의 경제효과를 적용

다른 지역에서 개최한 유사 이벤트의 사례를 바탕으로 외지방문객의

138) 은행이 지역 내 투자를 위해 적금(돈)을 대출한다면 이 적금(돈)은 파급효과에 반영된다.

수와 소비지출액을 가정하는 경우가 많다. 하지만 지역마다 특성이 다르기 때문에 이러한 적용을 주의해야 한다.

④ 발생되는 사회문제의 무시
경제효과 분석은 수치로 나타내기 어려운 교통문제, 환경오염 등의 부정적 효과를 반영하지 않는 경향이 있다.

⑤ 기회비용(Opportunity Cost)의 무시
스포츠이벤트에 투자함으로써 포기해야 하는 다른 투자 대안의 가치가 무시되는 경우가 있다.

36 모바일 마케팅과 인터넷 마케팅

36-1. 인터넷 마케팅

1) 인터넷 마케팅의 정의

인터넷이라는 가상공간에서 전개되는 마케팅 활동을 의미한다.

2) 인터넷 마케팅의 수단

인터넷 마케팅 다음과 같은 활동을 포함하며, 이들 활동은 내부에서 직접 수행하거나 대행사와 파트너십을 구축하여 수행하는 것이 좋다.

(1) 웹 마케팅

웹 사이트를 통해 정보뿐만 아니라 고객 서비스를 제공한다.

(2) 이메일 마케팅

표적고객에게 도달할 수 있는 수단이지만, 최근에는 그 활용정도가 스팸메일과 모바일 마케팅 때문에 감소하였다.

(3) 검색광고

검색어(keyword)의 검색에 의해 관련업체들이 상단에 나타나는 활동을 의미한다.

(4) 블로그 마케팅

블로그에 올린 일상적인 이야기나 후기를 통해 제품을 직·간접적으로 추천하고 이미지를 제고하는 방법으로 단기간보다 장기간의 효과가 있는 방법이다.

(5) 지식인 마케팅

특정 문제를 제품으로 해결할 수 있는 방법을 제시하여 제품을 간접적으로 홍보하는 방법이다.

(6) 커뮤니티 마케팅

커뮤니티에 회원으로 가입하고 교류를 통해 친분을 형성한 다음, 이야기나 후기의 형태로 제품에 대한 정보를 제공함으로써 제품에 관심을 유도하고 이미지를 제고하는 활동을 의미한다.

> 블로그, 지식인 및 커뮤니티에 글을 올릴 때에는 반드시 제목과 내용에 원하는 검색어가 들어가도록 해야 한다.

36-2. 모바일 마케팅

1) 모바일 마케팅의 정의

모바일 마케팅(Mobile Marketing)은 실시간으로 휴대폰 사용자 개개인을 일대일로 상대하는 원투원 마케팅(One-to-one Marketing) 또는 퍼스널 마케팅(Personal Marketing)이다.

2) 모바일 마케팅의 사례

① 모바일 통해 각종 행사의 입장권 예약 및 구매가 편리해졌을 뿐만 아니라 동양 오리온스 농구단과 삼성 썬더스 농구단은 모바일 입장권 할인 서비스를 제공하였으며 2007년 서울 모터쇼에서는 모바일 입장권 전용 출입구를 설치하여 모바일 입장권을 소지한 관람객들이 신속하게 입장할 수 있는 서비스를 제공하였다.

② SK 와이번즈는 경기중에 관중들이 보낸 메시지들을 전광판에 나타내어 경기에 대한 관중들의 흥미를 증대시켰다.

3) 모바일 마케팅의 장점

① 실시간 접속 가능성

② 타깃(표적) 마케팅의 가능성

기업은 휴대폰 이용자 개개인의 전용 단말기 고유 식별번호를 바탕으로 개인의 인구통계학적 특성, 상품구매경력 및 기타 변수에 대한 정보를 확보하여 타깃 마케팅을 전개할 수 있다. 심지어 특정 시간대에만 이용자에게 접근하는 타이밍 마케팅도 가능하다.

③ 정보를 바로 볼 수 있는 신속성

④ 정보저장의 용이성

⑤ 이용자와 상점의 위치 확인 가능성

상점이 주변에 있는 휴대폰 이용자에게 쿠폰을 발송하면, 해당 이용자는 쿠폰을 즉시 확인하고 저장한 후 휴대폰을 이용하여 상점의 위치를 확인해서 찾아갈 수 있다.

⑥ 상호작용적 커뮤니케이션의 가능성

전달 받은 광고를 보고 휴대폰 이용자는 더 자세한 정보를 얻거나 해당 상품을 구매할 수 있다.

⑦ 기존 스포츠마케팅 활동의 지원 가능성

모바일로 팬에게 구단의 사회공헌 활동 또는 경기의 일정과 이벤트를 알릴 수 있다, 더욱이 모바일을 이용한 이벤트까지 실행한다면 모바일 서비스는 구단의 기존 스포츠마케팅 활동을 지원해 주는 수단이 된다.

⑧ 저렴한 비용

모바일 광고는 단순하기 때문에 광고제작비용이 적게 들고, 표적화의 중요성이 강조되기 때문에 대중매체 광고는 물론, 인터넷 광고에 비해 적은 비용으로 집행될 수 있다.

4) 모바일 마케팅의 한계점

(1) 이용 불편함

이용자 입장에서 작은 화면, 느린 전송 속도, 연결품질, 처리용량에 의해 감소하는 배터리 수명, 일부 농촌지역이나 건물 내 통화의 불가능성, 프라이버시 침해와 스팸메일 등의 불편함이 있다.

(2) 수신자 이용요금 부담

(3) 모바일 광고에 대해 거부감

37 스포츠마케팅 계획서 개요

실행여부에 대한 의사결정권을 가지고 있는 사람에게 자신의 좋은 아이디어를 아래와 같은 마케팅계획서의 양식으로 정리하면 설득력 있게 전달되어 지지를 얻을 수 있을 것이다. 다만 유의할 점은 아래의 양식이 스포츠마케팅 관리자에 의해 사용되는 절대적 양식은 아니다.

1) 겉표지

2) 집행요약

시간에 쫓기는 상사를 위해 계획의 핵심부분을 1~3페이지 정도로 요약해서 그것만 읽어 보아도 계획의 주요 핵심을 파악할 수 있도록 해야 한다. 대체로 이 부분은 다음과 같은 내용을 간략하게 포함하며, 마지막에 작성된다.

(1) 실행프로그램의 요점(제품, 가격, 장소, 촉진, 대중관계)
(2) 시장상황과 추세 그리고 유리한 마케팅 환경과 불리한 마케팅 환경
(3) 이러한 환경에 대처하기 위한 사업의 강 · 약점과 약점의 보완가능성
(4) 측정가능한 목표들
(5) 예상 수익
(6) 집행을 위한 조직, 추적 및 통제방법

3) 목차

큰 제목뿐만 아니라 소제목까지 기입하며 각각의 내용이 나타나는 쪽 번호를 기입한다.

4) 상황분석

정보를 아래와 같이 시장(소비자), 제품, 경쟁자, 유통경로, 거시적 환경으로 구분하여 설명한다. 하지만 추진 아이디어에 따라 생략 또는 추가될 수 있는 분석내용이 있다.

(1) 시장(소비자) 분석

① 인구통계학적 특성
② 구매행동, 구매목적 및 구매결정요인
③ 현 시장의 크기
④ 기타

(2) 제품 분석

① 제품이 충족시키는 구매자의 기본적인 필요와 욕구
② 제품이 구매자의 욕구를 충족시켜 주고 있는 정도
③ 충족되지 않는 잠재욕구의 유무 및 정도
④ 제품개선의 기본방향
⑤ 제품의 생명주기
⑥ 기타

(3) 경쟁제품 분석

① 경쟁제품의 종류(유사제품, 대체제품)
② 경쟁사의 수, 크기, 매출액 및 시장점유율과 그 변화추세
③ 경쟁제품의 장단점
④ 주요 경쟁사의 기본적 마케팅 전략
⑤ 기타

(4) 거시적(일반) 환경분석

① 소비자의 인구통계학적 현황과 변화추세
② 경제환경과 소득수준의 현황과 변화추세
③ 정치적, 법적, 제도적 환경의 현황과 변화추세
④ 문화적, 사회적 환경의 현황과 변화추세
⑤ 국제경제적, 국제정치적 환경의 현황과 변화추세
⑥ 기술개발 현황과 변화 추세
⑦ 기후와 자연 환경의 현황과 변화추세

5) SWOT 분석

추진하고자 하는 사업의 성공에 긍정적 영향을 미칠 기회 요인과 부정적 영향을 미칠 위협 요인을 검토하고, 그것에 대처하는데 있어서 당회사가 가지고 있는 강점과 약점을 분석한다.

6) 목표

위에서 언급한 상황분석과 SWOT분석에 의하여 사업의 전망이 좋고, 회사의 경쟁력이 있다고 판단되면 달성하고자 하는 구체적인 마케팅 목표를 판매량, 매출액, 시장점유율, 소비자 인지율, 이미지 향상, 수익성, 만족도 등으로 나누어 측정가능하게 설정한다.

7) 마케팅전략

목표달성을 위한 마케팅 활동의 기본적 방향을 제시한다.

8) 실행프로그램

누가, 언제, 어디서, 무엇을, 왜, 얼마의 비용을 들어서 실행할 것인가를 규정한다.[139)]

9) 추정손익계산서

계획에 따른 재무상의 예상결과를 안전하게 나타낸다.

10) 통제

계획이 제대로 수행되고 있는지를 확인하기 위한 일정과 방법을 제시한다.

139) 내용이 많을수록 계획의 실천이 더 쉬워진다.

찾아보기

| N |

| O |

| P |

| Q |

| R |

| S |

| T |

■ 공저자 약력 ■

✿ 김 수 잔

미국 텍사스 오스틴 주립대학교 학사(경영)
미국 퍼듀대학교 석사(경영)
미국 미연방체육대학원 박사(스포츠경영)
현) 한국체육대학교 레저스포츠학과 교수
한국스포츠산업경영학회 부회장
한국스포츠산업협회 이사
사단법인 대한줄넘기총연맹 회장
대한장애인체육회 이사
대한컬링경기연맹 이사

✿ 김 일 광

한국체육대학교 학사(사회체육)
한국체육대학교 석사(스포츠산업경영)
한국체육대학교 박사(스포츠산업경영)
제3기 대한체육회 스포츠외교전문가 과정 수료
현) 서원대학교 레저스포츠학과 조교수
한국스포츠산업경영학회 편집위원
국민생활체육회 자문위원
사단법인 대한줄넘기총연맹 총무이사

스포츠마케팅의 이해

초 판 1쇄 발행 —— 2010년 8월 30일
초 판 2쇄 발행 —— 2011년 3월 30일
초 판 3쇄 발행 —— 2013년 8월 12일
지은이 —— 김 수 잔·김 일 광
펴낸이 —— 전 두 표
펴낸곳 —— 도서출판 두남
서울시 강동구 성내로6길 34-16 두남빌딩
신 고 : 제25100-1988-9호
TEL : 02) 478-2065, 2066, 2067, 2311
FAX : 02) 478-2068
E-mail : dunam1@unitel.co.kr
http://www.dunam.co.kr

정가 16,000원

ISBN 978-89-6414-137-3 93320

이 저서는 2008년 한국체육대학교의 지원을 받아 간행된 서적임